Mulheres Restaurando Mulheres

PARECIA O FIM, MAS FOI O COMEÇO
DE UMA LINDA HISTÓRIA

EDITORA
CHAVE MESTRA®

Título original em Português: Mulheres restaurando mulheres -
Parecia o fim, mas foi o começo de uma linda história

Direção editorial: Raquel Medeiros
Revisão: Híllona Anjos
Diagramação: Daniel Marchesani
Design de capa: Matheus Francelino da Silva

Dados Internacionais de Catalogação na Publicação (CIP)

Vale, Rogério (Organizador)
V149 Mulheres restaurando mulheres - parecia o fim, mas foi o começo de uma linda história / Rogério Vale – Barueri, SP: Chave Mestra Editora, 2023.
224 p. : 16 x 23 cm

ISBN 978-65-84979-22-2

1. Desenvolvimento pessoal. 2. Espiritualidade. 3. Vida Cristã 4. Riqueza.
5. Inteligência Espiritual I. Título.

CDD 158.1

EDITORA
CHAVE MESTRA®

Sumário

Prefácio

Embora não tenha nascido em um lar cristão e sem nenhuma educação cristã ao longo da minha formação, aos 33 anos de idade fui achada, resgatada, perdoada e, por fim, restaurada por Jesus, que hoje vive e reina em minha vida. Nascida de uma gestação não desejada, resultado de um adultério, criada em uma família disfuncional, sendo rotulada como ilegítima, afinal, não nasci de um matrimônio, cresci vivenciando os desajustes, as faltas, as dificuldades, mas não me conformando com a realidade que vivia, desejava uma família, um casamento, um amor e os meus filhos.

Restauração é olhar a ruína, os destroços e mesmo assim visualizar a possível reconstrução. É olhar até que ponto você chegou, em que circunstância foi construído e apesar disso, acreditar que não é o fim. Foi assim que tudo começou, olhei para a minha história e vi que seria possível; hoje, olho para cada mulher que passa pelo meu ministério e vejo que a possibilidade de começar do fim é real. O fim é uma questão de ótica, de perspectiva, um ciclo sempre findará para que outro se inicie.

Jesus me reconstruiu em cada detalhe, fui trabalhada para que a forma original não fosse perdida, não a forma extraída das circunstâncias da vida, mas para que o plano original que Deus estabeleceu permanecesse intacto. Uma Luciana restaurada se levantou e se encontrou no universo feminino, na ousadia da mulher, na força, na garra, nos desafios, nas nuances que as torna mais belas. Fui aos poucos me envolvendo: um toque, uma dica, um conselho, uma direção e por fim, uma palavra. Até que ouvi o chamado:

– "Não quero que você chore com elas, mas que você as levante pelo poder da minha Palavra."

Acreditei e fui! Movida de fé e autoridade, comecei a manusear a palavra, sendo incisiva, cirúrgica, bem objetiva. As feridas, os traumas, a falta de amor-próprio eram o alvo... Uma palavra simples, penetrante, mas eficaz. Os frutos começaram a brotar, os testemunhos foram evidenciados e o ministério expandido: nasceu o Restaurando Mulheres. Os encontros e as restaurações precisavam ser eternizados, registrados, até que o livro se tornou uma promessa e como toda promessa liberada por Deus, ACONTECEU!

Como coautora do livro Somos Todas Mais que Vencedoras, iniciei a minha primeira experiência literária e vivenciei a responsabilidade das palavras escritas. Antes, eram palavras soltas, agora ficariam registradas, até para as gerações futuras, livros não envelhecem! Não imaginava que seria possível, mas através dessa participação, o acesso e o portal foram abertos, para o total cumprimento da promessa: antes coautora, agora idealizadora desse livro que hoje está em suas mãos: MULHERES RESTAURANDO MULHERES.

Com muita sensibilidade e sendo conduzida pelo Espírito Santo, convidei 21 mulheres para contar as suas próprias histórias que o mundo precisa conhecer. Com elas, a diversidade nos alcança e nos traz a certeza do "é possível"!

Hoje, convido você a fazer essa leitura e ser ministrada através de cada história, lhe dando ânimo e a certeza que a sua história pode ser a próxima a ser escrita.

Pra. Luciana de Oliveira

Alessandra Machado

Sou Alessandra Machado, casada há 12 anos com o amor da minha vida, pastor Everson Ferreira.

Mãe de 3 pedras preciosas: João Pedro, Jorge Guilherme e Everson Junior, eles são, sem dúvidas, o nosso combustível diário para prosseguir.

Formada em Teologia pelo Seminário Teológico Beréia, vice-presidente da Comunidade Evangélica É Tempo de Adorar.

Pregadora da palavra de Deus, uma linda surpresa do céu para alguém que tinha pânico de falar em público, hoje não me vejo fazendo outra coisa, vidas têm sido alcançadas, resgatadas, libertas, curadas através do poder do Evangelho.

praalessandramachado

pr.ale.ceta@gmail.com

(21) 99175-7474 contato para agenda

QUANDO O INESPERADO CHEGA

por Alessandra Machado

Às vezes, o cenário atual não condiz com a palavra que um dia Deus liberou sobre as nossas vidas e se torna tão contraditório, confuso, a ponto de nos trazer dúvidas sobre o que ele nos prometeu e, às vezes, chegamos até a pensar que é o FIM.

O fim significa: momento ou ponto em que se interrompe algo, porém significa também conclusão. Afinal, não tem como viver inícios sem encerrar ciclos.

Em maio de 2018, no meio de muitos compromissos e responsabilidades ministeriais, me lembro que subíamos ao monte quase todas as noites, ministrávamos quase todos os dias e quase não sobrava tempo para nos alimentar direito. Nós temos um entendimento que enquanto estamos fazendo a obra, podemos ser atingidos sim, mas nunca sabemos como será, de fato. Até que o inesperado chegou na minha vida de uma forma avassaladora.

Meu esposo e eu descemos do monte e como não jantamos, compramos um lanche, era umas 3h da manhã, tomamos banho e deitamos. Com 20 minutos, me levantei e comecei a passar mal, a ponto de ter que ir às pressas para a emergência, fui medicada e liberada, porém permaneci no outro dia mal e de cama. Não aguentando mais, procurei um médico, me lembro como se fosse hoje, o Dr. Paulo me examinou e passou uma bateria de exames e a parti dali, eu já não era mais a mesma, aquela Alessandra intensa, que corria o dia todo, começou a chorar. A princípio, sem motivos, uma vontade de ficar deitada; a mulher comunicativa que eu era, passei a não querer atender o celular e comecei ter tremores no corpo inteiro, diariamente. Aos poucos perdia a minha identidade, meu esposo sempre do meu lado com uma palavra amiga, com abraços, orações, mas nada supria.

Os exames demoraram 15 dias pra ficarem prontos, lembro que já estava com dificuldade de andar e respirar, então fomos à farmácia. Meu esposo já percebendo tudo, mas sem querer me assustar, pediu pra eu me pesar; eu já havia emagrecido 16kg. A visão ficou turva, meu esposo começou a brincar comigo porque percebeu que não fiquei bem. Comecei ter insônia, pensei até em uma madrugada colar um esparadrapo nos olhos, eu só queria dormir, era só isso.

Retornamos ao médico e foi um dia de muitas revelações e confrontos, ele disse: "Você não tem nada! Melhor dizendo, você está depressiva e foi acometida por uma síndrome do pânico e está bem avançada! Sinceramente, não sei como você está suportando". Eu tinha duas opções ali: ou eu me prostrava de vez e morria, por olhar o cenário que no momento estava vivendo, ou me agarrava em Deus, que é especialista em mudar cenários e histórias. Decidi guerrear. Estava fraca, já não me lembrava mais de como era guerrear, comecei a orar a cada minuto de crise e parecia que só aumentava, de fato pensei que era o FIM. Eu não conseguia reagir e meu esposo incansável sempre ao meu lado.

Cheguei ao ponto de não dormir por 3 meses consecutivos. Estava exausta, cancelei todos os meus compromissos. Como ministrar ferida? Desacreditada? Sem esperança? Eu só queria acordar daquele pesadelo.

Havia somente um lugar que, durante este deserto, eu ia mesmo com pânico, fraca, com dor no corpo e com falta de ar, que foi a minha casa de oração CETA; parecia que iria enfartar, mas eu não deixei de estar um dia. Nunca tive desejo de me matar, mas confesso que pedia ao Senhor pra me levar. Porque já não me reconhecia mais. As pessoas da igreja achavam que era problema de estômago como eu também no princípio achava; quando descobri de fato o que era, pensei em dividir com eles, porém, no meu pensamento acreditava que iriam perceber. Eu só queria um abraço, minha alma gritava por socorro, porém tudo o que eu mais queria não tive. Eu me doei, abracei, cuidei de pessoas com os mesmos quadros que o meu. Chegava em casa, como eu chorava e perguntava a DEUS: "E eu?"

Marcamos uma consulta com a psiquiatra no sábado às 9h da manhã, quando entrei no consultório era minha única e última esperança! Muito atenciosa e gentil, a doutora perguntou meu nome, minha idade e o que estava acontecendo comigo. Eu nunca mais vou esquecer aquele dia, enquanto eu contava sobre o meu deserto, eu dizia pra ela que Jesus foi batizado e logo após ser cheio do Espírito Santo, foi conduzido ao deserto pelo mesmo Espírito de Deus (Lucas 4:1) e ali foi tentado pelo diabo 40 dias e 40 noites. "Quem sou eu para reclamar do meu deserto doutora, deserto não mata, forma grandes ministros. Deserto habilita, ensina e gera testemunho". Quando me dei por si e olhei para a doutora ela se encontrava no chão, em lagrimas. Ela me disse que entendeu o porquê eu estava suportando todo aquele tempo sem uma medicação para o pânico, me agradeceu e disse que estava precisando ouvir aquelas palavras e do meu abraço. Meu esposo brincou comigo e disse: "O que você tem mesmo? Paguei caro pra você ministrar a vida da doutora?" Voltamos de lá com a cura? "NÃO", mas entendemos um pouco sobre o deserto que estávamos enfrentando. Era um período que muitos cristãos estavam sendo assolados terrivelmente pela depressão e síndrome do pânico, muitas notícias de suicídio, familiares negligenciando em procurar ajuda, muitos até hoje endemonizam a doença ou acham que é besteira.

Dentro deste tempo, nasceu um grande psicoterapeuta, "MEU ESPOSO", ele foi estudar e entender um pouco mais sobre o assunto para me ajudar e abaixo de Deus, ele foi incansável dentro desse deserto. Tinha duas coisas que me maltrataram demais naquele período, foi não conseguir cumprir o meu ministério e não ser 100% na minha casa. Aprendi, dentro desse deserto, a importância de ter alguém do lado que compreenda o momento, sem te julgar e que lhe estenda a mão.

Nunca condicione ou julgue alguém pelo seu estado atual, você não sabe a guerra que ele está vivendo; por vezes, pode até esta sorrindo por fora, mas por dentro está sangrando. Lembre-se que mãos foram feitas para serem estendidas, isso me remete a uma história da mulher encurvada contada em Lucas 13, em um sábado dentro de uma sinagoga. Por 18 anos, estava com um espírito de enfermidade, por todos aqueles anos ninguém chegava perto dela. Por causa desta anomalia, ela sentia dores constantes, não olhava mais pra frente, só pra trás, e para baixo. Porém Lucas conta que ela estava dentro da sinagoga; significa que mesmo mediante ao abandono, à solidão, a olhares tortos, em meio às dores, falta de ar, com problemas espirituais, ela estava DENTRO da sinagoga. Não desistiu de buscar!

Um dia, Jesus decidiu entrar naquela sinagoga e quando foi pregar, ele a chamou, ele direcionou a palavra a ela. Que bom que ela não desistiu de estar cultuando porque estava com problemas, ela não sabia quem era ele e muito menos que ele chegaria. Pra quem NÃO desiste, NÃO para, existe um encontro MARCADO, até porque esses cenários são momentâneos até Jesus chegar! "Mulher seja livre!" Como assim? Ninguém percebeu que ela estava aprisionada por 18 anos? Infelizmente, vivemos um tempo de falta de sensibilidade, não se olha mais para os lados. "Eu te amo" só existe em sepultamentos, por remorso do tempo perdido.

Estou aqui para lhe encorajar a não desistir e lhe dar um conselho, olhe mais ao seu redor que você verá quantas pessoas precisam de você, então liga agora, diga eu te amo enquanto há tempo, não deixe para amanhã, para de dar voltas e resolve logo, entra nessa casa, neste quintal, libera o perdão, a oportunidade é pra você que está lendo. Faça isso hoje!

Por mais que ninguém tenha estendido as mãos pra ela, Jesus chegou, sabe por quê? Ele consegue perceber e enxergar o que muitos não querem, se aproxima daqueles que muitos rejeitam, sabia exatamente do que ela precisava no momento: primeiro ser livre, depois colocou as mãos sobre ela, tocou onde ninguém quis tocar e a mulher se endireitou.

Tudo que estava torto, fora, voltou para seu estado de origem. Dentro deste deserto, saiba que se ninguém te estender a mão, não se preocupe, a mesma mão que te levou é a mesma que passa com você e te tira de lá.

Me peguei em dias de culto levando pessoas pra fora do templo, a fim de socorrer as mesmas, pois existe muita ignorância, falta de discernimento em nosso meio, não veem a depressão e o pânico como doença e sim, como demônio e dentro desse processo aprendi a clinicar, aprendi a acalmar, a contar até 20 ou 30 segundos e se necessário até os sentidos da pessoa voltar, até o rosto parar de formigar e normalizar. Se fosse preciso, pegava no colo, até conseguir falar e andar e sair do templo bem.

Eu estava ainda no deserto, mas já feliz por começar a entender o porquê de estar vivendo tudo aquilo. O que parecia ser o fim, foi mudando de direção, foi tomando forma, me fez conhecer uma mulher que eu mesma desconhecia. Posicionamentos em dias de crises revelam identidades, nos revela quem somos e o quanto seremos capazes de suportar o desconhecido.

Jesus nos deixou tantos ensinamentos! Logo após a sua saída do deserto, deu-se início ao seu ministério. Existem processos que são necessários viver, faz parte do PROPÓSITO, dentro deles existe uma permissiva de escolha de como iremos atravessar, se é reclamando ou em movimento, ainda que o corpo não queira reagir e a cabeça diga NÃO. Aprenda, se você não dominar seus pensamentos, eles irão dominar você e minar todo o seu corpo. E porque eu vivi tudo isso se já exercia o ministério, não negligenciava, não retrocedia? Simples, eu tive um passado que estava dentro de mim e que precisava ser tratado para chegar ao FIM.

Fui mãe do meu primogênito aos 18 anos, às vésperas de ter um sonho realizado de ir para faculdade e que, momentaneamente, foi interrompido me fazendo ter uma vida de ilusão, com falsas amizades, tentando tampar um vazio que havia dentro de mim e esconder as minhas dores e frustrações, uma vida que não era minha, mas que eu decidi viver. Quando caí em mim, estava no fundo do poço, com profundas feridas que me deixaram imensas cicatrizes.

De repente, Deus me deu um lindo presente, o meu esposo Everson, decidi retornar de onde nunca deveria ter saído, da presença de Deus. O Everson é bombeiro, 7 anos mais novo que eu, tem um coração gigante, me mostra a luz sempre que está escuro. ele viu em mim o que eu nunca sozinha enxergaria: o meu ministério e que eu poderia sim, restaurar a minha vida, que não era tarde, era só eu me permitir. Ele é o reitor do Seminário Teológico Beréia, onde sou formada, um seminário que tem como objetivo não só formar, mas restaurar vidas e ministérios.

Pra viver a restauração, precisei aprender a romper com meus medos e inseguranças. Doeu muito, não foi fácil, mas foi necessário para viver o que Deus tinha reservado pra mim, porque eu entendi que precisava dar um ponto final nas minhas decepções passadas e assim trilhei um novo caminho. Ufa! Os 6 meses mais longos da minha vida passaram e, verdadeiramente, parecia que seria o FIM, mas foi apenas o começo da restauração.

Dentro do processo, aprendi que é preciso desacelerar, descansar, aprendi a andar na rua sozinha, ir buscar os meninos sozinha na escola, pois eu só ia se meu filho mais velho segurasse a minha mão. Me lembro que meu esposo me convidou para ir ao cinema com as crianças, para muitos, algo normal, para mim naquele momento, não, mas fazia parte da restauração, afinal eu não entrava mais em locais fechados, só na igreja. Então respirei fundo em casa e sem pressa, pois tinha 3 desafios pela frente a serem vencidos: o de me arrumar, o de entrar no shopping e por fim entrar no cinema e assistir uma sessão de 2 horas. Consegui me arrumar, fiz uma oração no meu quarto, entrei no carro; na partida, tive uma crise, fechei os olhos, louvei ao Senhor e quando fui ver, passou.

Entrei no shopping, senti tontura, mas prossegui sem pressa, nada iria tirar meu foco naquele dia. Entrei no cinema, o tremor veio, falta de ar, mãos e pés gelados e suados, taquicardia, sentei na poltrona já pensando em ir embora, porém, olhei para a minha família, me sentei, tiramos uma foto, o meu sorriso não era mais o mesmo. Sem querer comer a pipoca, comi assim mesmo, devagar, fiquei angustiada por algumas vezes, pensei por várias vezes sair, pedir meu esposo para irmos embora, mas quando decidi trilhar o caminho da restauração disse que não iria RETROCEDER. Assisti tudo até o fim e vim pra casa, chorei muito porque eu VENCI! Naquele dia, aprendi que na vida não adianta só pisar no acelerador, existem freios também, pois quem acelera demais pode sofrer graves acidentes e como dizem por aí, "o importante não é a velocidade e sim, a direção".

Eu e meu esposo assistíamos séries evangélicas todos os dias, às vezes ele dormia, eu andava pela casa toda; todos dormiam menos eu. E isso me trazia angústia, junto com ela as crises. Durante 3 meses, fiquei sem dormir. Em um determinado dia, eram 6h da manhã, eu acordei assustada porque estava claro. Eu via clarear o dia todos os dias, mas naquela noite NÃO, comecei a voltar a prestar atenção nas coisas de novo e quando eu menos esperei, voltei a dormir. Eu já estava há 6 meses sem ministrar (essa foi uma das piores partes pra mim), é o que amo fazer: falar do meu Amado Jesus no culto da minha igreja. O meu esposo disse: Hoje você ministra o salmo 91. Eu? Não! Não dá! Ele disse: "Se você não tentar, cada vez ficará mais difícil". Aquele dia pensei que iria ter uma parada cardíaca, a sensação que tive era como se nunca tivesse subido no altar, mas lembrei que eu sou só o instrumento e é Ele que faz, só bastava estar disponível. Eu fui e naquela noite Jesus resgatou 12 vidas, oramos por muitas pessoas e fomos pra casa. Eu jantei e DORMI.

Dentro deste caminho de restauração, descobri que eu precisava me posicionar e não retroceder como estava fazendo, não ter pressa, não ficar presa ao cenário; paciência sempre que for fazer algo e saber que processos geram cicatrizes que são apenas marcas de feridas que um dia doeu, mas hoje não doem mais.

Por onde passo, conto um pouco da minha história e a mesma tem restaurado e encorajado muitas vidas e gerado incontáveis testemunhos e creio que o próximo será o seu.

“Fins são necessários para novos começos.”

Alessandra Machado

Babi Rangel

Olá, eu sou Babi Rangel, mulher improvável e imperfeita, que encontrou nos Braços do Pai a sua real identidade.

Sou filha dos pastores Jorge e Marcia Vacite, irmã da Carol, esposa do Higor e mãe do príncipe Jorginho. Eles são os amores da minha vida, e sem eles eu não teria chegado até aqui.

Durante a pandemia, nasceu o PAPO DE FÉ, um projeto desenvolvido por mim no Instagram e que vem alcançando milhares de pessoas através de *lives*, conteúdos e pregações.

Sou carioca, advogada, empreendedora, influenciadora digital cristã, pregadora do Evangelho. Sigo motivando e inspirando pessoas, em especial mulheres, que buscam cumprir o propósito de Deus dentro e fora de seus lares.

babi_rangel_

babirangel.oficial@gmail.com

babirangel.oficial

youtube.com/tudocombabi

TRANSFORMANDO A SOLIDÃO EM SOLITUDE

por Babi Rangel

Quem nunca sofreu por se sentir, de alguma maneira, sozinho? Ou mesmo estando acompanhado, sentiu essa dor gritar em seu peito?

De fato, sentir-se solitário não é agradável. A solidão é uma falta, uma sensação dolorosa, que pode ser causada por diversos fatores, como não ter a companhia ou a devida atenção de alguém, decepções, frustrações, sofrimentos, dentre outros. Ela é como uma bússola que aponta para o vazio, rouba o foco, conduz por atalhos e leva à fugas, comprometendo todo o propósito de Deus.

Sabe por que não nos sentimos confortáveis na solidão? Porque não fomos criados para sermos solitários! O plano original de Deus para o ser humano é viver em sociedade, em família, é ter relacionamentos e cumprir o seu papel no corpo de Cristo! Observe:

"Criou Deus o homem à sua imagem, à imagem de Deus o criou; homem e mulher os criou. Deus os abençoou, e lhes disse: 'Sejam férteis e multipliquem-se!'" (Gênesis 1:27, 28 NVI).

"Não é bom que o homem esteja só; farei para ele alguém que o auxilie e lhe corresponda" (Gênesis 2:18 NVI).

"Não deixemos de reunir-nos como igreja, segundo o costume de alguns, mas procuremos encorajar-nos uns aos outros, ainda mais quando vocês veem que se aproxima o Dia" (Hebereus 10.25 NVI)

O isolamento provocado pela solidão só aumenta a dor e cria novos embaraços para a mente, para a alma, para o espírito e para o físico! Os meus pais, com toda sabedoria e amor, sempre me alertaram: *"A vida é feita de relacionamentos"*. E, eu nunca pensei que essa frase pudesse fazer tanto sentido...

Por vezes, tentei resolver tudo da minha maneira. E, a fim de poupar a minha família e os meus amigos de vivenciarem de pertinho a minha dor, eu fiz a escolha de enfrentar alguns desafios "sozinha". E confesso que a experiência não foi legal. Além das circunstâncias serem naturalmente difíceis, eu descobri que o isolamento traz consigo outras dores, tornando os nossos passos mais pesados e o processo mais longo e desgastante.

Até que, diante de alguns novos desafios, decidi fazer diferente, renunciei "o meu eu", e me posicionei, não mais segundo aquilo que eu gostaria ou achava correto, mas segundo a maneira que Deus estava me direcionando! Deixei o isolamento de lado e descobri que, em tempos difíceis, ter ao meu lado pessoas especiais orando por mim e carregando comigo o fardo pesado que estava sobre as minhas costas, foi restaurador! Ter a família ao meu lado, proporcionando não só para mim, mas para o meu marido e meu filho, uma rede de apoio e de amor, foi um verdadeiro oásis em meio ao deserto para as nossas almas!

Me manter conectada com as redes sociais e com cada um dos meus seguidores, permanecer firme com as minhas lives, assim como perseverar com as minhas ministrações presenciais, fez com que o meu foco e as minhas motivações permanecessem no lugar certo! Foi na comunhão que eu tive a certeza de que Deus realmente levanta anjos disfarçados de pessoas incríveis para nos impulsionar a avançar! Quando o desânimo tentava ganhar espaço em meu coração, eu sempre recebia uma palavra de vida, de ânimo e encorajamento!

Algumas vezes, enfrentamos problemas repetidas vezes e não entendemos porque Deus permite que isso aconteça... Saiba que Ele não tem prazer em nos ver sofrendo, mas, por ser Pai Perfeito e por tanto nos amar, Ele faz com que determinados ciclos só se encerrem após despertarmos para o propósito que Ele nos confiou! Para mudar de fase, é preciso sermos aprovados nas "provas" que se apresentam diante de nós! São as provações que nos habilitam, nos forjam e nos lapidam para inaugurarmos o próximo capítulo da nossa história! Nos lugares mais improváveis, estão as nossas maiores oportunidades de crescer, de manifestar a nossa aliança com Deus e de ver a aliança de Deus se manifestando em nós!

Hoje vejo o quanto eu precisava aprender que o isolamento trazido pela solidão torna tudo mais difícil, não gera testemunho e nem manifesta a glória do Senhor. Passar por desafios de mãos dadas, com pessoas capazes de trazer vida e graça de Deus para o cenário da nossa dor, torna o processo mais curto, mais leve e cheio de significado.

Hoje eu entendo que a solidão não soluciona problemas, ela os multiplica, tornando as pessoas mais vulneráveis a quadros depressivos, de ansiedade, estresse, colocando em risco o bem-estar e até mesmo a saúde. Por isso, ainda que você esteja diante de situações difíceis e a sua vontade seja de isolar-se, o meu conselho é que você permaneça no lugar de comunhão! Governe sobre as suas dores e elas não dominarão você!

Diferente do que muitos pensam, é possível, sim, dominar sobre as emoções, impulsos, pensamentos e sobre tudo aquilo que pode influenciar diretamente sobre a sua vida! Mas não esqueça de que o domínio próprio não é um mérito seu! Não confie em sua humanidade falha e limitada, achando que a autossuficiência vai garantir a sua vitória! O livro de Gálatas 5.22-23, nos mostra que o domínio próprio é um fruto do Espírito Santo. Portanto, para colher este fruto é necessário semear fé! Você precisará ir até Deus para receber das mãos Dele essa chave, que lhe dará condições de tomar a decisão de sair do cenário da solidão para dar o próximo passo, rumo ao novo capítulo da sua história.

Não há nada mais libertador e restaurador do que ressignificar as nossas dores. É como ampliar a nossa percepção e a nossa visão acerca de tudo aquilo que está ao nosso redor! Ressignificar, como o nome já diz, é dar um novo significado, transformar o que era dor em alegria, ferida em cura, paralisia em impulsionamento, perdas em ganhos. E, você sabe onde acontece todo esse processo? Na sua mente!

O livro de Romanos 12.2 NVI mostra que renovar a nossa mente é uma condição para desfrutarmos dos planos de Deus: *"Não se amoldem ao padrão deste mundo, mas transformem-se pela renovação da sua mente, para que sejam capazes de experimentar e comprovar a boa, agradável e perfeita vontade de Deus"*

Você já percebeu como os nossos pensamentos geram sentimentos, que, por sua vez, nos levam a agir? Esse ciclo determinará a direção pela qual você caminhará dia após dia! É muito interessante como mentes renovadas geram vidas transformadas. A percepção que temos acerca de algo ou alguém pode dar um sentido totalmente diferente à nossa história! O que fará com que as circunstâncias te sucumbam ou te promovam é a maneira com que você olha e pensa sobre elas!

Acho lindo quando a Bíblia diz que, enquanto o povo chamava Golias de "gigante", Davi o chamava de "incircunciso filisteu". O ângulo da visão que ele tinha e a maneira com que ele pensava a respeito do desafio que estava diante dele fez toda a diferença em seu posicionamento: *"Então falou Davi aos homens que estavam com ele, dizendo: Que farão àquele homem, que ferir a este filisteu, e tirar a afronta de sobre Israel? Quem é, pois, este* ***incircunciso filisteu****, para afrontar os exércitos do Deus vivo?"* (I Samuel 17.26 NVI)

A grande virada da sua história está em entender que: ESTAR sozinho é diferente de VIVER sozinho! Saiba que, diferente de viver sozinho, estar sozinho pode ser algo positivo, vital e necessário para todos nós!

Em Oséias 4.6 diz que o "povo foi destruído por falta de conhecimento".

Por isso, é muito importante estarmos atentos para o fato de que SOLIDÃO não se confunde com SOLITUDE!

É interessante que, da mesma maneira que algumas pessoas buscam fugas no isolamento da solidão, outras, com medo da solidão, buscam fugas no barulho das multidões. Mas observe que nenhum tipo de fuga produz vitória! Não adianta fugir do lugar da dor se a dor estiver dentro de você! É preciso avançar pelo caminho do milagre, enfrentar desertos e tempestades sempre que for preciso, sendo aprovados diante das provações e avançando de mãos dadas com Deus, rumo às suas conquistas!

Algumas vezes, a resposta que precisamos está nos momentos de pausa, no tempo de privacidade, no silêncio do "a sós", onde se torna possível ouvir a voz de Deus e desfrutar de momentos de paz, equilíbrio e refrigério! Entretanto, essa pausa precisa ter um tempo e um propósito determinados. Perceba que não se trata de uma fuga e nem tão pouco de um isolamento que alimenta a dor e abre brechas para outras dores! Muito pelo contrário! É exatamente aqui que começamos sair do campo da solidão para entrar no campo maravilhoso e restaurador da SOLITUDE. Ela não é sentimento, é um momento em que a conexão consigo mesmo e com Deus é ativada gerando frutos de vida!

É onde há apenas você e Deus, e, ali, você perceberá que, mesmo na ausência de pessoas, você nunca esteve e nem estará solitário, pois há um Deus que te ama, que cuida de você, que te abraça, te perdoa, te cura, te liberta, que não é indiferente às suas lagrimas e que é suficiente e capaz de preencher todo o vazio do seu coração! É neste lugar onde rasgamos o coração, temos a nossa identidade revelada, onde as máscaras caem, os disfarces são removidos, onde nos desprendemos de olhares, julgamentos, títulos, rótulos, formalidades, acusações, ruídos perturbadores e vozes contrárias.

Quando eu comecei a refletir sobre solitude, percebi que sempre que Jesus precisava orar, buscar uma direção, vencer algum tipo de desafio ou se fortalecer, Ele se afastava da multidão e até de seus discípulos para se conectar consigo mesmo e com Deus. A solitude era um hábito em sua vida! Desde então, eu aceitei o convite de Jesus para aprender a desligar os ruídos e distrações ao meu redor e receber do Pai as bençãos que nos são concedidas apenas no secreto:

"E quando vocês orarem, não sejam como os hipócritas. Eles gostam de ficar orando em pé nas sinagogas e nas esquinas, a fim de serem vistos

pelos outros. Eu lhes asseguro que eles já receberam sua plena recompensa. Mas quando você orar, vá para seu quarto, feche a porta e ore a seu Pai, que está no secreto. Então seu Pai, que vê no secreto, o recompensará." (Mateus 6.5-6 NVI).

Observe que, após curar o leproso, Jesus se retirou para orar: *"E ele, estendendo a mão, tocou-lhe, dizendo: Quero, sê limpo. E logo a lepra desapareceu dele... A sua fama, porém, se propagava ainda mais... Ele (Jesus), porém, retirava-se para os desertos, e ali orava".* (Lucas 5:13,15 e 16 NVI)

Antes de escolher os seus discípulos, Jesus teve o seu "a sós" com Deus ao subir o monte e passar a noite sozinho em oração: *"E aconteceu que naqueles dias subiu ao monte a orar, e passou a noite em oração a Deus. E, quando já era dia, chamou a si os seus discípulos, e escolheu doze deles, a quem também deu o nome de apóstolos"* (Lucas 6.12 e 13 - NVI). Enquanto se preparava para a crucificação, com o coração aflito, Jesus buscou forças na solitude, onde rasgou o coração e se preparou para o momento mais desafiador de sua história:

"Então Jesus foi com seus discípulos para um lugar chamado Getsêmani e disse-lhes: "Sentem-se aqui enquanto vou ali orar (...) Então, voltou aos seus discípulos e os encontrou dormindo. "Vocês não puderam vigiar comigo nem por uma hora? ", perguntou ele a Pedro (...) E retirou-se outra vez para orar: "Meu Pai, se não for possível afastar de mim este cálice sem que eu o beba, faça-se a tua vontade". (Mateus 26.36,40, 42 NVI)

Percebe como o isolamento gerado pela solidão não se confunde com as pausas proporcionadas pela solitude? **Quando saímos do campo da solidão para o campo da solitude, o que parecia ser paralisia e morte se transforma em promoção e vida!** Aquilo que parece ser o fim, se torna o começo de uma linda história!

Além de Jesus, vemos na Bíblia outras pessoas desfrutando de solitude. Mas eu queria falar especificamente sobre um jovem, que foi rejeitado, lançado em uma cisterna e vendido como escravo, abandonado a própria sorte por seus irmãos, que deveriam amá-lo e protegê-lo. Não é difícil imaginar a dor e as marcas que José carregava. Mas me impacta ver que a dor da solidão não o paralisou, o cenário desfavorável não o destruiu! Pelo contrário, o promoveu, o impulsionou ao cumprimento do seu propósito e a realização dos sonhos que o próprio Deus havia semeado em seu coração.

José não perdia tempo nutrindo as suas dores! Ao invés de buscar no isolamento uma fuga, ele buscou na solitude a cura que precisava para avançar. Em Gênesis 43.30, a Bíblia diz que José *"apressou-se em sair à procura de um lugar para chorar, e entrando em seu quarto, chorou"*. É lindo ver que, ao invés de entrar na caverna da solidão, de se isolar, de se vitimizar, de buscar culpados para os seus desafios, ficar reclamando, alimentando mágoas e ressentimentos contra os que o haviam ferido, José decidiu buscar no secreto as forças que precisava para enfrentar os seus processos e ressignificar a dor da solidão! E o resultado foi cura, vitória e honra de Deus!

Mesmo ferido, o foco e as expectativas de José estavam no Senhor, que se manteve Fiel em todo tempo, tanto no palácio quanto no cárcere.

Não deixe que a dor da solidão interrompa a sua caminhada! Ser feliz é uma escolha, e a solitude faz parte do processo que nos prepara para grandes conquistas! Experimente, transformar a solidão em solitude! Afinal, mulheres curadas, curam! Mulheres transformadas, transformam! E mulheres restauradas, restauram!

Seja luz e mostre, com o seu testemunho, que tudo é possível ao que crê! Descubra na solitude que a transformação que você tanto deseja começa em você!

Que Deus te abençoe!

> Quando saímos do campo da solidão para o campo da solitude, o que parecia ser paralisia e morte se transforma em promoção e vida!
>
> *Babi Rangel*

Dirce Ducharme

Sou Dirce Ducharme, contadora, fiz o curso de Teologia e hoje faço Psicanálise. Sou mãe de três filhos: Stéphanie, Jean-Pierre, Isabelle e sou avó da Aurora.

Por mais de 25 anos fui empresária de uma indústria, juntamente com meu marido, hoje sou pensionista e investidora. E o mais importante, sou uma mulher transformada por Cristo Jesus.

Filha de Rita de Cássia de Almeida, fundadora da igreja Assembleia de Deus do Amor, em Realengo/RJ, uma grande mulher, nordestina, que veio da Paraíba para o Rio de Janeiro com meu padrasto e mais 9 filhos, dentre eles o Bispo Jose Alfredo, um homem de Deus, que está firme na liderança da igreja até os dias de hoje.

(21) 99480-4921

dirceducharme@hotmail.com

SE PERMITA SER TRANSFORMADA PELA PALAVRA

por Dirce Ducharme

Quero compartilhar com você um pouco da minha trajetória até chegar no dia de hoje, quando estou digitando essas palavras. O intuito do meu coração é que eu seja canal de benção na sua vida e que, de alguma maneira, minha história sirva para animá-la a acreditar que é possível a transformação.

Aos 17 anos, conheci meu esposo, um europeu que não temia a Deus, mas que frequentava a igreja juntamente com a minha família. Não demorou muito e me afastei do Evangelho, fiquei muitos anos desviada dos caminhos do Senhor. Me tornei uma visitante de igreja, gostava dos louvores, da pregação, mas não praticava e bem sabemos que o Evangelho é um modo de vida, é ouvir a palavra e pôr em prática o que ensinam as Escrituras, do contrário, somos simpatizantes e nada mais. Veja que mesmo tendo as raízes que eu tenho, ou seja, filha de pastora, o resultado e a qualidade de vida dependem das atitudes que tomamos. Mas como a vida é feita de escolhas, eu fiz a minha, que foi me afastar dos caminhos do Pai e, por isso, percorri longos caminhos que não precisava ter percorrido.

Em março de 1989, nasceu nossa primeira filha. Uma menina linda, que com 1 ano de idade começou a ter convulsão, foi terrível. Iniciamos ali um tratamento neurológico que se estenderia até os dias de hoje, com o diagnóstico de epilepsia. Mesmo tomando o coquetel de medicamentos, ainda não era o suficiente para o controle das crises convulsivas, isso fazia com que evitássemos sair, pois a qualquer hora ou em qualquer lugar, ela poderia passar mal. Com isso, levamos uma vida voltada, basicamente, para casa e trabalho, sinto que isso me transformou em uma pessoa mais fechada e de poucas palavras. Até da minha mãe e dos meus irmãos me distanciei, mesmo morando perto, só nos encontrávamos em ocasiões especiais.

Em 1991, entrei em sociedade com o meu marido, tínhamos uma empresa de sucesso, uma fabricante e exportadora de máquinas de empacotamento de explosivos. Chegamos exportar para mais de 30 países, era uma empresa reconhecida e ganhadora de prêmios e com isso, foram muitas viagens internacionais, tínhamos um padrão de vida muito bom, morávamos em cobertura, etc. Não faltava amor em nosso casamento, ou seja, eu tinha tudo para ser feliz, só que não era; lembro que em uma das viagens a Paris, o que para muita gente seria a viagem dos sonhos, eu me peguei pensando: "Como eu queria estar em casa agora..." e a mesma coisa se repetiu em outra viagem de navio que fizemos para Buenos Aires. Naquela manhã, eu estava sentada na varanda no 13º andar, a paisagem era linda de se ver, entre o mar e o infinito, mas no meu coração o vazio constante que nada preenchia. Se naquele momento eu tivesse dado ouvidos aos conselhos da minha mãe e tivesse me reaproximado de Deus, tenho certeza de que a história teria tido outro desfecho. O tempo passou, o nosso desentendimento só foi aumentando, até que chegou à dissolução do casamento. E a vida foi seguindo seu curso, como um rio que segue para o mar.

Assim, em janeiro de 2018 e já divorciada, meu filho já tendo saído de casa para morar com a esposa e a minha filha mais nova indo para a Academia da Força Aérea (AFA) estudar em São Paulo, não consegui administrar bem tudo isso; foi quando comecei a me sentir depressiva, mas tinha minha filha especial que precisava e muito da minha atenção e cuidados. Foi quando a minha mãe, percebendo o que estava acontecendo, me convidou para morar com ela, em uma casa grande onde moravam ela e minha irmã mais velha. A ideia era mudar de ambiente e ter companhia para minimizar o vazio deixado por eles e sendo assim, aceitei o convite.

Confesso que teve o lado muito bom e positivo, pois com isso tive a oportunidade de conviver com a minha mãe, já que quase eu não tinha tempo para dar a atenção que ela precisava e merecia; e também com a minha irmã, uma pessoa de coração muito bom. Mas, de repente, começamos ter atritos, aquilo só foi piorando e mesmo tendo toda condição de me mudar - inclusive para minha casa própria - eu não conseguia, parecia que estava presa. Hoje entendo que Deus usa os meios dEle para nos conduzir aonde precisamos chegar; entendo que ali, Deus já estava movimentando as águas para uma grande transformação em mim.

Em outubro de 2018, recebi uma profecia e Deus me disse que tinha uma obra em minha vida, que a minha família precisava de mim, que Ele me usaria nesta direção; para isso, eu precisava me aproximar dEle e que Ele tinha pressa. Confesso que, espiritualmente falando, eu me sentia um saco vazio, sem nada para dizer a ninguém; tudo que eu sabia era trabalhar e estava afastada da comunhão há muitos anos. Em 8 de março de 2019, decidi retornar para a casa do Pai. Comecei frequentando os cultos e procurando aprender mais de Deus, comecei de uma maneira muito tímida a ler a Palavra, que coisa difícil, meu Deus!

Quando me determinei a obedecer, comecei pela oração diária, mas foi muito engraçado; pela falta de hábito, eu ajoelhava e orava calada "em espírito", daqui a pouco eu percebia que estava sentada no chão e lixando a unha; me dava conta que tinha esquecido que estava orando, pedia perdão a Deus e voltava para a oração. Essa distração aconteceu várias vezes, mas eu não desistia; até que na insistência, comecei a orar em voz alta, isso já me deu mais concentração no que estava fazendo. Comecei a leitura da Bíblia, me determinei a fazê-la diariamente e uma coisa é certa: vai se tornando um hábito. Uma coisa eu aprendi, que assim como alimentamos o corpo diariamente para não adoecermos, com o espírito não é diferente; com a oração e leitura diária nos sentimos mais fortes e aqui eu entendi porque Deus tinha pressa que eu me firmasse, Ele sabia o que estava para acontecer.

No dia 22 de março de 2019, de repente perdi a minha mãe de infarto. Na volta do enterro dela, meu irmão de 40 anos teve um infarto fulminante e o enterro dele aconteceu no dia seguinte. Foi terrível para toda a família, só Deus para me sustentar, assim como aos meus irmãos. Lembro que nesse dia eu estava com Chikungunya e quem já teve sabe que é uma dor horrível pelo corpo todo, principalmente nas juntas; sendo assim, eu estava com a alma e o corpo tremendamente adoecidos.

Mesmo assim, não desisti de continuar caminhando e permaneci firme na minha jornada em busca da comunhão. Preciso citar aqui que quando Deus usou a profeta naquele dia, Ele disse que aconteceria algo na família que abalaria a todos, mas que Ele enviaria uma criança para alegrar o meu coração. Assim, dia 24 de setembro de 2019 nasceu Aurora, minha neta querida, um verdadeiro anjo que Papai do céu me presenteou naquele momento tão difícil. Nesse período, estávamos em meio à pandemia, sem podermos sair de casa, com todas as restrições que todos já conhecemos.

Em agosto de 2020, a minha filha "especial" Stephanie foi passar uns dias em São Pedro da Aldeia, na casa da tia Beatriz, uma mulher de Deus e de oração. Isso foi muito bom para o desenvolvimento dela, porque a dinâmica de vida era diferente da que ela tinha comigo, foi visível a mudança e evolução no comportamento de Stephanie. Mesmo com as limitações, ela participava de vigílias e até subia o monte. Percebi que em meio à pandemia, enquanto eu estava orando e buscando, Deus estava tratando dela também, Gloria a Deus por isso. Eu continuava firme no meu propósito com a leitura da Palavra, a oração diária, ouvindo louvores e sempre em contato com os meus pastores.

Chegamos em fevereiro de 2021 e meu filho e minha nora decidiram sair do Rio de Janeiro e se mudaram para Minas Gerais. Foi muito triste, com isto a minha neta foi para longe de mim. Perguntei a Deus porque Ele permitiu que eles fossem para tão longe e a resposta que tive foi que

Ele estava no controle. Dou graças a Deus pela ADMRF e pelos meus pastores, que em todas essas fases estiveram por perto, em oração e me dando forças.

O projeto Restaurando Mulheres não é apenas um nome, foi uma verdade na minha trajetória. A cada mês era como uma injeção de ânimo e fortalecimento espiritual, os meses foram se passando e eu fui sentindo a transformação que Deus estava fazendo na minha vida, mudanças de dentro para fora. Pastora Luciana, que Deus abençoe rica e poderosamente a sua vida e da sua família.

Um acontecimento que não posso deixar de mencionar aqui, é referente a um empreendimento que adquiri em 2013, com previsão de entrega em 24 meses, mas que por lisura da construtora a obra ficou abandonada por muito tempo. O que era pior: eu já havia quitado e já estava dando por perdido, afinal de contas, já havia se passado 8 anos. Mas graças a Deus, recebi as chaves em 30/07/2021. Obrigada, Pai, por isso e aqui entendo que ser dizimista é ter proteção naquilo que Deus nos dá.

Outro acontecimento mais importante ainda: no dia 13 de dezembro de 2021 foi realizado o batismo nas águas do meu filho e da minha nora, em Minas Gerais. Só tenho que agradecer a Deus por isto também.

Em junho 2022, no Encontro das Restauradas, (só de mulheres), logo no início a pastora pediu que cada uma se apresentasse. Percebi que dentre outras características, muitas disseram ser tímidas, inclusive eu, ao que a pastora disse: "Os tímidos não herdarão os Céus". Naquele momento, senti como se fosse uma lança no meu peito, fiquei ali, ouvindo e absorvendo tudo que ela falava. Chegou um momento em que ela perguntou se eu queria falar alguma coisa, eu respondi que não, mas de repente, eu pedi a palavra.

Lembro de ter dito que era uma pessoa mais reservada, gostava mais de ouvir do que falar, mas que, em se tratando do Reino de Deus, precisávamos reagir e que eu iria me dispor a romper aquela barreira. Inclusive, mesmo na minha casa sempre fui discreta, ao ouvir louvores, era sempre em volume baixo para não incomodar os vizinhos. Naquele momento, eu disse: "Os vizinhos que me aguardem! Vou comprar uma caixa de som e agora eles vão saber que ali mora uma pessoa que não só serve a Deus, mas que quer levar a Palavra e quer começar a pôr para fora tudo o que foi absorvido e armazenado ao longo dos anos".

Nessa disposição, uma semana depois eu estava em Minas Gerais visitando o meu filho. Na cidade em que ele mora faz muito frio e logo peguei uma forte inflamação na garganta, fiquei afônica por 5 dias; mesmo assim, fui ao culto na igreja Templo dos Milagres, no domingo e o pastor informou que subiriam o monte na segunda-feira. Eu falei que iria também e o pastor falou comigo: "Irmã, é melhor não, pois à noite a temperatura cai muito no inverno"; mas quando a gente está determinada, nada impede: me arrumei, coloquei duas calças, dois casacos, uma bota, uma touca, um cachecol. Meu filho disse: "Mãe, o que é isso??", eu respondi: "Não vai ser o frio que vai me impedir."

Confesso a vocês que quando começou a oração, lembro-me de ter levantado às mãos para o Céu e com toda minha força e gritei: "Senhor, eu não quero continuar assim! Tenho tanta coisa guardada dentro de mim, pelo tanto que já ouvi e que já li e não tenho coragem de falar! Pai, tira de mim essa timidez! Me dá coragem para falar do teu Evangelho!" De repente, senti um forte calor, tirei a touca e o cachecol, a rouquidão desapareceu e deu lugar a uma oração como nunca havia feito antes, foi maravilhoso. E Deus continuou agindo na minha vida. Hoje na igreja já não tenho mais a vergonha de orar em voz alta, de adorar, de erguer os braços na hora do louvor, pois a timidez se foi, agradeço a Deus por esta conquista.

Outro momento de muita alegria na minha vida, foi a formatura da minha filha Isabelle em oficial da Aeronáutica, no dia 30/08/22, depois de ter passado 4 anos estudando na AFA, em Pirassununga/SP. E a formatura do meu filho Jean-Pierre em Engenharia Civil, dia 17/09/22. Agradeço a Deus por mais esta conquista e que Deus abençoe meus filhos a cada dia.

Hoje, depois de participar do projeto Restaurando Mulheres, me sinto uma mulher realmente transformada, servindo a Deus em espírito e em verdade e caminhando rumo ao novo de Deus e ao que Ele tem preparado para minha vida. Percebi que até no relacionamento com as minhas irmãs houve mudança, hoje somos muito mais unidas, agradeço a Deus por isso.

Olhando para trás, vejo que a partir do momento em que tomei a decisão de ouvir a Palavra e pôr em prática, entendi perfeitamente que não tem como se manter firme se não houver uma busca diária, pois assim como alimentamos nosso corpo 3 a 4 vezes ao dia, com nosso espírito não pode ser diferente, isto não pode acontecer apenas quando vamos a igreja, até porque o inimigo nos rodeia diariamente. Então, como sobreviver a essas investidas com o espírito tão fragilizado?

Minha querida que está lendo esta narrativa, em nome do Senhor

Jesus, eu te convido a começar agora, onde você está, aí é o lugar ideal para Deus falar com você. Comece da maneira que você puder, eu consegui e você também vai. Creio com todas as minhas forças que tudo que Deus quer de nós é atitude. Você dando o primeiro passo, Ele segurará em suas mãos. Não quer dizer que não haverá tempestade, mas lembre-se: Ele estará no seu barco e quando você clamar por Ele, a tempestade terá que se acalmar e você vai caminhar sobre as águas. Muitas coisas me aconteceram e tenho sentido a mão de Deus em cada uma delas me dizendo: "Filha, se você fizer a sua parte, não temas, eu farei a Minha".

Salmos 23-1:3 diz:

"O Senhor é o meu pastor, nada me faltará. Deitar-me faz em verdes pastos, guia-me mansamente a águas tranquilas. Refrigera a minha alma; guia-me pelas veredas da justiça, por amor do seu nome".

O Evangelho é um modo de vida e com o nosso testemunho já estamos pregando as Boas Novas do Reino. Quero levar o evangelho de Cristo e se for preciso, usarei as palavras.

Dirce Ducharme

Edjane Bezerra

Meu nome é Edjane Cabral de França Bezerra, tenho 54 anos, sou divorciada e mãe de três filhos, no momento solteiros.

Empresária, sou pós-graduada em Administração de Empresas pela Faculdade Anhanguera e em Consultoria de Imagem e Estilo Pessoal pela FAAP e pelo Senac.

Sou formada em *Self Coaching, Professional Self Coaching* e *Business Executive Coaching* pelo Instituto Brasileiro de *Coaching* (IBC). Fui ganhadora do prêmio Mulheres Empreendedoras, em 2019, da revista *Expressão*, na cidade de Araras/SP.

jane_bezerra2010@live.com

(19) 99828-8735

A DECISÃO SOBRE A SUA VIDA DEVE ESTAR EM SUAS MÃOS

por Edjane Bezerra

Sua vida é muito preciosa, porque Jesus já pagou um alto preço por ela, então não perca tempo sentindo pena de você mesma. **Viva seu luto**, se questione, use o tempo que precisar para reflexões, mas sempre com amorosidade, sem julgamentos e cobrança infundadas. Caso necessite, procure amigos ou profissionais que possam ajudá-la nas reflexões e, através disso, achar o melhor caminho a seguir. Depois, levante a cabeça, sacuda a poeira, dê a volta por cima e **recomece com a sua melhor versão!**

Nasci em Recife, no estado de Pernambuco e sou de uma família grande. Desde bem jovem, precisei cuidar dos meus irmãos mais novos para a minha mãe trabalhar. No entanto, de todas as adversidades que passei no período da adolescência, extraí e guardei apenas as coisas boas e que contribuíram para o meu amadurecimento. Me formei em Secretariado no Colégio Campos Salles, em São Paulo, o que foi extremamente útil na minha carreira futura.

Aos 14 anos, eu trabalhava e estudava, e aos 16 anos, em uma festa na empresa em que minha mãe trabalhava, conheci meu primeiro namorado. Aos 18 anos, fiquei grávida do meu primeiro filho. Na época, não tínhamos nada e quando nossas famílias souberam que eu estava grávida, nos foi dada a opção de nos casarmos e irmos morar na casa da minha sogra. Mas, para isso, meus cunhados teriam que dormir na sala, então conversamos e resolvemos continuar cada um na casa de seus pais, trabalhar e comprar uma casa para nós. Só depois disso nos casaríamos. Foi o que fizemos: meu sogro emancipou o meu namorado e ele comprou meio lote do irmão mais velho. Começamos a construir um salão, mas quando a casa estava sendo construída e o casamento marcado tivemos algumas brigas e eu cancelei o casamento. Rasguei o vestido, queimei os convites restantes e devolvi os presentes.

Não estava feliz e não queria me casar somente por estar grávida. Eu trabalhava e me sentia mulher o suficiente para criar o meu filho sozinha, se fosse necessário. Vim de uma família em que as brigas e a violência doméstica faziam parte do dia a dia e não queria isso para mim, achei que meu filho não merecia viver em um ambiente assim. Mas meu sogro e minha mãe conversaram e disseram que não era desse jeito que decidíamos as coisas, pois agora não se tratava somente de nós, mas de uma criança que estava para nascer e que merecia a chance de ter uma família estruturada. Deveríamos tentar morar juntos e, se não desse certo, pelo menos tínhamos tentado.

Então, terminamos a construção e fomos morar juntos. Nossas brigas só aumentavam, até que meu sogro nos convidou para participar da igreja e do grupo de oração. Quando deixamos Jesus entrar em nossas vidas e na nossa casa, as coisas começaram a mudar e, aos 23 anos, nos casamos na igreja e no civil. Meu filho já estava com 5 anos de idade e foi um lindo casamento. Ele era ferramenteiro e eu recepcionista, fazíamos tudo juntos, inclusive pagar as contas. Ele sempre falava que queria se aposentar na empresa em que trabalhava, por ser uma empresa boa. Mas o desemprego bateu à nossa porta devido ao fechamento de muitas empresas boas e grandes, por causa da entrada de produtos da China, sendo uma concorrência desleal. Meu marido, então, foi trabalhar como taxista, inicialmente com o carro do pai e depois conseguiu o próprio carro. Ele começou a sonhar em montar a própria empresa, mais uma conta entrou em nosso plano.

Costumo dizer que: "Um sonho sonhado sozinho e só um sonho. Um sonho sonhado junto se torna realidade" (Raul Seixas).

Trabalhei desde muito jovem, prestei serviços em empresas de diversos ramos e várias áreas e todas foram de grande utilidade. O conhecimento adquirido serviu como base para o meu aprendizado.

Em 1998, teve início a empresa e junto com meus cunhados e sogro. Por não termos dinheiro para alugar um salão, o negócio iniciou em nossa residência. Por isso, a parte de ferramentaria foi para um salão do meu cunhado e a parte de produção ficou na minha casa. Foi um desafio, sempre trabalhei do outro lado e agora eu era da liderança, responsável por fazer as coisas acontecerem. Como nunca tive medo de desafios, fui em frente e garanto que matei um leão por vez. Para facilitar meu dia a dia, comecei a colocar em prática o que tinha aprendido no secretariado, e como nunca tive dificuldade de comunicação isso me ajudou bastante.

Devido ao fato de a empresa estar na minha casa, meus papéis estavam todos misturados em um só lugar: eu era tudo, o tempo todo. Mãe, pois mandava o Anderson para a escola; acordava o Victor, dava a ele o café, o deixava brincando e assistindo a desenhos; era esposa; era catequista, tínhamos que preparar nossos encontros; na empresa, tinha que aprender o serviço para ensinar às meninas. Coordenava, liderava, me preocupava com o café da tarde delas e com a disciplina no ambiente. Eu estava o tempo inteiro em todos os papéis e isso não era bom.

Eu e meu marido tivemos muitos momentos de incertezas e inseguranças, mas sempre um estava motivando o outro, segurando nas mãos e enfrentávamos as dificuldades. Houve um momento que me marcou muito: um dia, Paulo disse que precisava aumentar o salão e isso só seria possível se ele fizesse um puxadinho na lavanderia. Numa parte do quintal, beirando o muro, eu tinha uns canteiros com plantação de rosas que eu amava, os quais cuidava com muito amor. Ele me disse que não ia mexer nas rosas, então eu concordei e fui visitar minha mãe, mas quando cheguei em casa eu caí no choro, pois o pedreiro havia arrancado todas as minhas rosas e as jogado fora. Chorei muito e ele me garantiu que um dia me daria um jardim; hoje eu tenho um jardim lindo na minha casa.

Em 1999, nos mudamos para a Vila Clarice e no ano seguinte, para Osasco, com dois filhos, minha mãe e Leandro, meu sobrinho que veio morar conosco. Sou muito grata pelo apoio dela nos cuidados com os meninos e com a casa. Eu fazia tudo com muita alegria e gratidão por estar ali em Osasco e com a convicção de que isso era só mais um degrau na longa escada da vida.

Em 2003, mudamos a empresa e passamos a residir em Leme, no interior de São Paulo. Me orgulho dessa cidade, pois fomos muito bem recebidos e acolhidos e, mais uma vez, precisamos do apoio da minha mãe, pois nos mudamos junto com a empresa e a minha casa ficou por conta dela.

Na empresa, passei por muitas áreas, como a produção, o financeiro e a controladoria. Aprendi a viver cada momento da melhor forma possível, ri, chorei e cresci, pois não e fácil para uma mulher ter tantos papéis. Percebi que não era possível ser 100% em tudo, mas que poderia viver o momento com qualidade, ou seja: se eu estava em casa com meus filhos, aquele tempo teria qualidade. Procurava ter qualidade no que estava fazendo no momento e isso valia para tudo: no trabalho, com a família, com os amigos, etc.

Para melhorar meu trabalho, fui buscar mais aprendizado, então ingressei em uma faculdade, com 40 anos. Me formei em Administração de Empresas e fui para a área financeira.

Em 2012, faríamos 20 anos de casados e meu ex perguntou se íamos comemorar as Bodas de Porcelana. Eu disse que não teria motivo para comemorar, já que eu estava me sentindo triste e desconfortável, porque já vinha tentando conversar com ele. Nessa época, nossos filhos estavam crescendo e iam para a faculdade e seria necessário voltarmos a namorar e curtir um pouco mais um ao outro. Mas ele fugia dessas conversas e as viagens pela empresa começaram a ser mais longas. Quando estava em casa, ele saía da empresa, ia para a academia ou para o clube, com a justificativa de que era a forma que tinha encontrado para vencer o estresse do trabalho. Só chegava em casa esgotado e sem paciência para conversar, mas mesmo assim, dei meu recado: "Se você quer ter uma vida de solteiro, é melhor conversarmos sobre o assunto", já que tínhamos tantas coisas em jogo. Ele disse que iria mudar a postura, mas isso durou pouco. Daí, com a secretária, ele preparou a festa "surpresa" de Bodas de Porcelana, chamou nossos familiares e amigos e, alguns dias antes, me levou para assistir ao show de Roberto Carlos. Fez questão de cantar a música do Roberto Carlos para mim e hoje vejo que foi tudo encenação.

Encontrando oportunidades em meio às adversidades

Em 2013, depois de 21 anos de casados, o casamento terminou e a separação foi inevitável. Passei por um momento complicado, pois na minha cabeça o casamento era "até que a morte nos separe", mas esqueceram de me avisar que existem várias formas de morte. Daí, temos que acalmar o coração e fazer a cabeça pensar no que é melhor para todos. Naquele momento, eu perdi o meu chão e a minha cabeça procurava uma resposta que nem ele me dava e nem eu tinha, sobre tudo o que estava acontecendo. As perguntas sem respostas se tornaram escuridão, e então resolvi seguir em frente e me reinventar.

Comecei a me questionar: Quem era Jane? O que eu gostava de fazer? Quais eram minhas cores preferidas? O que fazia meus olhos brilharem?

Olhei para o meu passado e veio um filme de tudo o que vivi de bom e de ruim e disse para mim mesma que nunca fui mulher de desistir diante de nenhum problema, então não seria naquele momento que eu desistiria. Vi que os bens mais preciosos eu tinha: meus filhos, minha família, meus amigos e tantas pessoas queridas que estavam torcendo por mim. Mas não conseguia me achar em casa, não encontrava nada que identificasse minha presença lá, pois me sentia alegre e feliz, mas não via nada que me mostrasse isso. Onde estavam minhas cores preferidas? Então, decidi que procuraria ajuda para descobrir minhas respostas e para tentar entender o que estava vivendo. Nesse momento, entraram na minha vida a minha psicóloga e amiga Lilian Mokarzel, a Rita de Cassia da Biodanza e muitos outros amigos que encontrei no caminho de transformação.

Nesse processo de transformação e de descobertas, encontrei o curso de *feng shui*, que voltou a dar cor à minha casa e à minha vida.

Depois, fui para o curso de Consultoria de Imagem na FAAP, e isso foi só o começo de muitos estudos e investimentos, inclusive neste segmento.

Fiz também outros cursos como: Etiqueta Social, pelo Senac de Campinas (SP); *Professional & Self Coaching*, pelo IBC (Instituto Brasileiro de *Coaching*); *Business & Executive Coaching (BEC)*, pelo Instituto Brasileiro de *Coaching*; *Master Coaching* pelo *Instituto Brasileiro de Coaching*; *PNL Practitioner to Advance*, pela *Academy Mind* e Hipnose Clínica, pelo Instituto Lucas Naves.

No início, os novos aprendizados eram apenas para eu me sentir bem comigo mesma, mas com o passar dos dias, meus amigos começaram a me instigar a falar dos meus aprendizados e a me convidarem para falar sobre a minha vivência e a transformação para outras pessoas. Hoje sei que a minha missão é levar meu conhecimento e minha experiência para outras mulheres e pessoas que já passaram pela mesmo que vivi e que acham que não tem saída. Por isso, digo que tudo tem saída, mas depende de nossa decisão (decidir e ação).

Para lidar com gente, é preciso gostar de gente, ter paciência e saber que somos uma caixinha de surpresas e que podemos ter muitas camadas adquiridas no decorrer da vida. Faz-se necessário deixar que cada camada seja descascada para florescer o que há de melhor em nós. Para um futuro próximo, pretendo criar um instituto voltado ao empoderamento da mulher.

Eu me defino como uma mulher forte, alegre e corajosa. Gosto de cinema, de assistir a filmes, desenhos, também gosto de jogar tênis, *beach tennis*, de dançar, de sair para almoçar ou jantar com meus filhos, de me reunir com a família e os amigos, viajar, namorar, etc. Hoje, sei quais são as minhas cores preferidas: vermelho, azul, amarelo e verde.

Busque primeiro se conhecer, tenha compaixão por si mesma, não seja rígida e exigente com você, ame-se mais, goste de estar com você! Sempre seja grata a todas as pessoas que passaram e passarão por sua jornada de autoconhecimento, acredite na força da união, do amor e, acima de tudo, do perdão!

Ganhei um troféu de "Mulheres Empreendedoras 2019", da Revista Expressão, da cidade de Araras, em São Paulo.

Hoje, vejo que tudo acontece como tem que acontecer, pois se essas coisas não tivessem acontecido, com certeza estaria vivendo a vida e achando que era feliz e realizada, mas percebo que não era, pois muitas vezes aceitava a decisão do meu ex-marido para não brigar; minha voz só era ouvida quando era conveniente.

Hoje sou grata a ele pela contribuição até aqui e sigo na direção em que acredito, procurando sempre ser honesta comigo e com os meus princípios. Tenho muito orgulho da mulher que me tornei. Gosto de onde estou e procuro sempre algo a mais para me superar!

Em 2021, fazendo um *check-up* anual, meu médico sugeriu que eu fizesse uma cirurgia bariátrica para melhorar minha saúde, a qual me fez eliminar 40 quilos. Sinto-me ótima e até parei de tomar remédios contínuos, que tomei a vida inteira. Faço exercícios e me sinto radiante.

Hoje, a empresa que está há 24 anos no mercado tem 360 funcionários e 15 mil m² de construção, mais 25 mil metros para futuras instalações.

Continuo sendo acionista da empresa ao lado de meu ex-marido, com quem tenho um relacionamento estritamente profissional e também na educação dos nossos filhos. Temos mais dois sócios.

Hoje estou namorando e estamos felizes.

Lembre-se que a **decisão da sua vida deve estar em suas mãos**! A única pessoa que pode mudá-la é você! Ame mais, sorria mais, esteja com as pessoas que gosta, pratique esportes, aumente seu ciclo de *networking*, seja ativa e procure sempre ser feliz e evoluir como pessoa e mulher. Jesus nos deu vida e vida em abundância (João 10:10), mas também nos deu o livre-arbítrio. Cuide dele da melhor forma possível.

Dê um passo de cada vez, mesmo que seja devagar; olhe para si mesma com amorosidade; lembre-se de que o primeiro obstáculo é o pensamento que diz que você não merece ser feliz e faz você se achar culpada por tudo, mas em um relacionamento existem pessoas envolvidas e cada um tem sua parcela de responsabilidade.

Viva seu luto, mas recomece com a sua melhor versão.

Edjane Bezerra

Ingrid Franklin

Me chamo Ingrid Franklin, sou casada com o diácono e pregador da palavra Lucas Pereira há 14 anos, o amor da minha juventude. Mãe do Matheus, meu primogênito, e da Manuela, nossa pequena.

Depois de alguns anos, decidi me voltar aos estudos e atualmente curso Administração e o básico em Teologia.

Sou diaconisa e coordenadora do ministério Restaurando Mulheres, liderando mulheres há mais de 6 anos. Sirvo na minha igreja local, a ADMRF (Assembleia de Deus Ministério Restaurando as Famílias).

Neste capítulo, irei falar um pouco da história da minha família, o começo, uma gravidez na adolescência. Quando tudo parecia estar perdido, Jesus nos alcançou e toda a nossa história foi transformada.

@ingridfranklinoficial

frankliningrid@icloud.com

(21) 964178200

UMA FAMÍLIA ALCANÇADA, TRANSFORMADA E RESTAURADA

por Ingrid Franklin

A família é a base da sociedade, um projeto criado e instituído por Deus. Entender suas bases, defender seus princípios e pôr em prática seus valores nos ajudam a ter plenitude em todas as esferas das nossas vidas. A família é um lugar indispensável: nela encontramos proteção, abrigo, amor e cumplicidade. É onde passamos desde os dias mais chuvosos até os mais ensolarados. Mesmo vivendo uma atualidade na qual esse projeto divino tem sido sufocado, com o intuito de desfazer o conceito original, Deus tem alcançado famílias e dado destinos transformadores com o seu poder.

Hoje, minha família tem sido referência para muitas outras, não somente na igreja, como também fora dela, mas nem sempre foi assim.

Apesar de não vir de um berço cristão, tive uma criação sólida. Meus pais sempre foram preocupados com o meu futuro e me ensinaram a viver da forma mais correta possível. Eles sempre foram muito presentes e cuidadosos com a minha educação, principalmente pelo fato de vivermos em uma comunidade na qual víamos muitos jovens se perdendo sem o apoio de suas famílias.

Comecei a namorar muito cedo. Apesar de muito nova, meus pais aprovaram o meu namoro. Quando conheci o meu esposo, Lucas Pereira, eu tinha apenas 13 anos e ele, 16. Ele era um rapaz de família, muito esforçado e logo caiu na graça dos meus familiares. Lucas sempre foi muito carismático, todos gostavam dele, a convivência com as pessoas era muito fácil, unânime.

Dois anos de namoro se passaram e fomos surpreendidos por uma gravidez na adolescência. Foi um baque enorme, o desespero nos tomou! Fomos logo contar aos meus pais, o medo da rejeição era grande, foi muito difícil enfrentar aquela realidade diante deles. Porém, mesmo chocados com a notícia, aquele mesmo amor, a preocupação e o zelo prevaleceram. Não fazíamos ideia de tudo o que iria acontecer dali para a frente. Éramos dois adolescentes com uma responsabilidade que não estávamos preparados para enfrentar. Sem emprego, sem casa, sem estrutura, sem maturidade. As dificuldades vieram logo de início: Lucas não estava trabalhando na época e tivemos que passar pela gravidez morando com os meus pais. Sempre tivemos muito apoio da parte deles e isso fez total diferença em nosso processo. Porém, isso não nos isentou de sentirmos todo o furacão que estava acontecendo à nossa volta. Logo veio o emprego, Lucas começou a trabalhar e aos poucos tudo foi criando forma.

Os meses se passaram e chegou o momento do parto, as horas mais difíceis e longas da minha vida. Mesmo precisando de uma intervenção cirúrgica por conta do risco, fui forçada a ter um parto normal. Durante o trabalho de parto, tive uma crise renal horrível, o descaso daquela Unidade de Saúde foi absurdo – sentia não só as dores do parto, mas também a crise renal. Na época, eu não tive noção, mas hoje, com todo o conhecimento que temos, com tantos outros casos denunciados, sei que fui vítima de violência obstétrica. Foram trinta horas de trabalho de parto, de luta por duas vidas, com muitas dores e complicações, quando finalmente Matheus nasceu: sem oxigênio, roxo, sem respirar. Houve um desespero total naquela sala, a equipe percebeu que todo o descaso durante as horas passadas poderia ter sido fatal; tentaram reanimá-lo, muitos procedimentos foram feitos. E então pude escutar de longe o choro, ainda que fraco, mas com sinal de vida! Não pude ficar com o bebê no começo pois ele precisava de oxigênio para conseguir evoluir, depois de toda aquela batalha pela vida. Mas no dia seguinte ele veio para os meus braços.

Nesse cenário, fui mãe aos 16 anos. Nasceu meu primogênito, Matheus, que significa "presente de Deus". Não havia tempo para aprender, não podia errar, era o momento de assumir a responsabilidade, essa era a nossa nova realidade. Era o momento de caminharmos sozinhos: nossa casa, nossa vida, nossa família. Alguns novos obstáculos foram surgindo, não tínhamos estrutura financeira e nem emocional para viver aquela realidade. Com isso, fomos passando por algumas experiências. O financeiro era muito difícil, só o meu esposo trabalhava, nossa casa não era própria. Já o emocional era pior ainda, pois estávamos aprendendo tudo ao mesmo tempo, erramos muito, tivemos algumas brigas, algumas crises e algumas feridas estavam expostas. Nesse período, percebi que a minha família precisava de uma base, de um sustento; algo tocou dentro de mim, mas eu não fazia ideia de por onde começar.

Como o meu esposo já havia caminhado com a família na infância, decidimos buscar uma igreja evangélica. Então, fomos apresentados à nossa amada igreja, nossa ADMRF (Assembleia de Deus Ministério Restaurando as Famílias). Era profético, aquele nome não era à toa, não chegamos ali por acaso, Deus já tinha uma nova história preparada. Chegamos ali tímidos, sozinhos; tudo aquilo para o meu esposo não era novidade, ele já conhecia esse Deus. Comigo foi um pouco diferente, uma mistura de resistência e falta de entendimento diante de tudo o que estava acontecendo naquele lugar, mas tudo isso foi superado muito rapidamente.

A atmosfera era diferente, sentia algo sobrenatural, nunca tinha vivido algo parecido, a obra de transformação e restauração já havia começado.

"E eles disseram: crê no Senhor Jesus Cristo e será salvo, tu e a tua casa". (Atos 16:31)

Um ministério voltado à restauração das famílias, uma família inteira no altar, o Espírito de Deus estava ali e logo fez todo o sentido para mim. Era o que eu precisava, mas não sabia que era possível. Sempre tive o sonho de me casar com vestido de noiva, cerimônia, buquê... com tudo o que tinha direito. Algumas vezes, tentamos dar entrada na documentação, mas nunca dava certo, então o casamento tornou-se um sonho que ficou para trás. Em um dos primeiros cultos que participamos, falou-se sobre a reconstrução dos muros de Jerusalém. Neemias foi convocado para uma grande obra e em 52 dias ele reconstruiu os muros da cidade. Ele não parou, não desviou do seu foco, não permitiu que opositores concluíssem qualquer tipo de conspiração. Ele tinha um objetivo e foi até o fim – confiando Naquele que o chamou. Mediante essa palavra, foi lançado um ato profético; sem entender muito o que estava fazendo, acreditei e coloquei diante do Senhor o meu sonho, o meu casamento, a minha família! Então, resolvemos colocar a palavra em prática, tentar novamente e finalmente conseguimos! Deus tinha entrado na causa, Deus fez! Em menos de 2 meses já tínhamos tudo preparado para o nosso casamento; não só formalizamos no civil nossa união, mas também fomos presenteados por Deus com uma linda cerimônia.

Um verdadeiro sonho foi o que o Senhor me proporcionou viver! Cada detalhe, cada momento daquele dia ficou marcado, foi inesquecível! Não tínhamos como realizar tudo aquilo por nós mesmos, a cerimônia foi completa, nada faltou – desde as coisas mais simples até as mais caras. Tudo Ele proveu com excelência, isso é Sua especialidade. Eu estava apenas começando a ter minhas experiências com esse Deus, mas já tinha entendido algo: existem conquistas que só alcançamos quando estamos com Jesus! Essa frase então passou a fazer parte de toda a minha história, todo o meu testemunho se volta para ela, porque eu entendi que só com o Pai posso alcançar lugares inimagináveis, realizar sonhos impossíveis.

"Buscai primeiro o reino de Deus, e a sua justiça, e todas estas coisas vos serão acrescentadas." (Mateus 6:33).

Após nos casarmos, mergulhamos ainda mais: batismo nas águas, liderança de jovens, consagração a obreiros, algumas responsabilidades em nossa igreja. Não olhamos para trás, a obra estava sendo feita em nossas vidas. Tudo começou a mudar, em cada área Deus foi trabalhando como Ele queria; éramos apenas vasos na mão do oleiro. A plenitude do Senhor transformou tudo: espiritual, ministerial, familiar, tínhamos honra em todas as áreas.

Um novo ciclo estava para começar em nossas vidas – a chegada da nossa princesa, Manuela. Não tínhamos planos de uma nova gestação. Financeiramente, estávamos vivendo melhor, dando uma condição de vida mais confortável para a nossa família, porém uma nova gestação não caberia no orçamento. Mas Deus vê de modo diferente e graças a Ele por isso. O Senhor ainda tinha algumas coisas para realizar, havia mais algumas experiências para serem vividas com o Pai e foi nesse tempo que recebemos a promessa, uma menina estava sendo enviada! Estávamos em uma reunião de lar que a nossa igreja realizava. Ao final, nossa pastora Luciana foi tomada pelo Espírito e entregou aquilo que o Senhor estava lhe mostrando. Ela olhou para o meu esposo e falou: "Vem uma menina!" O pânico foi imediato, pois não era uma possibilidade para nós. Ficamos desesperados naquele momento e logo fomos embora do encontro.

Poucos dias se passaram e começamos a ser ministrados pelo Senhor. Rapidamente, entendemos que Deus tinha um propósito e que a nós só cabia confiar. Aprendemos que quando algo vem da parte do Senhor, somos tomados por uma paz inexplicável. Nas coisas de Deus não existe guerra nem confusão, e esse espírito de paz nos invadiu. Assim, descansamos e fomos viver o que o Senhor tinha preparado. Começamos a sonhar, o mundo azul agora iria se dividir com o cor-de-rosa, uma princesa, uma menina. Sou uma pessoa bastante intensa e, mês a mês, ficamos ali nervosos, esperando quando seria vivido o cumprimento da promessa. Quatro meses depois daquela reunião, veio o tão esperado resultado, o teste era positivo, agora era real.

Achávamos que tudo estava sob controle, meu esposo empregado, nosso primogênito com 7 anos, uma família estruturada, quando, no meio da gestação, fomos surpreendidos pelo desemprego do Lucas, o provedor. O medo de reviver os traumas do passado vieram à memória, mas agora Deus estava do lado de dentro, Ele tinha o controle de tudo, o governo de nossas vidas estava entregue nas mãos do nosso Pai. O que para o mundo poderia ser desespero, para nós se tornou um tempo de vivenciar milagres; mesmo com meu esposo desempregado, vivemos o melhor de Deus na terra. Tudo o que eu sonhava durante a gravidez, o Senhor realizava. Enxoval, chá de bebê, carrinho, berço, e até mesmo uma reforma em nossa casa nós fizemos, tudo isso foi provisão vinda do Alto.

Os meses se passaram, Manuela nasceu – uma princesa! Ela veio pra completar, trazer mais alegria à nossa família, um presente para um novo tempo. O significado de Manuela é "Deus conosco" e disso nós tínhamos certeza. Tive uma outra experiência com o parto, pois isso me tirava o sono; o trauma do passado me vinha à memória todos os dias. Pude viver um parto tranquilo, para a glória de Deus. Dessa vez, foi tudo diferente, a presença do Eterno em nossas vidas nos proporcionou viver em um tempo de plenitude. Tínhamos formado uma estrutura, uma base, nossa família não iria perecer, os ventos não iriam virar o nosso barco, nem mesmo as águas poderiam afundar, porque o próprio Deus estava ali conosco.

Passamos por todo esse tempo vivendo a provisão do Senhor – meu esposo ainda sem conseguir um emprego. Mas, mais uma vez, o próprio Deus se apresentou e liberou, através do profeta, que uma porta seria aberta e essa porta iria mudar mais uma vez o cenário das nossas vidas. Antes de Manu completar 1 ano, Lucas recebe uma proposta para trabalhar em uma empresa grande. Ele passou por todo o processo seletivo e foi aprovado. De início, a proposta aos olhos humanos não era muito boa. Ele fazia uns trabalhos quando estava em casa, os famosos "bicos", e conseguia uma renda um pouco melhor do que a proposta que recebia da empresa. Mas tínhamos uma palavra, e uma certeza de que algo Deus estava preparando. Um ano depois, naquela mesma empresa, ele foi promovido. Chegou a hora de Deus realizar o que havia prometido.

Com a promoção, veio uma qualidade de vida muito diferente. Pudemos comprar nosso primeiro carro e, também, nosso apartamento, nos mudamos – tudo novo, cada detalhe, cada móvel, era tudo novo. Não se tratava de bens terrenos ou materiais, mas do cumprimento de uma promessa de Deus para aqueles que decidem avançar, que não querem desistir e continuam no caminho, ainda que as circunstâncias não sejam favoráveis. Para todo aquele que acredita na Palavra de Deus, existe uma recompensa que o homem não pode explicar, apenas pode viver. Não somos dignos, mas Deus decide abençoar os seus.

O começo pode não ter sido fácil, a história pode ter começado de forma errada, sem perspectiva. Alguns podem não ter acreditado, mas quando Deus entra, o cenário muda, aquele que não era, passa a ser! Aquele que não tinha, passa a ter! Aquele que estava perdido, é encontrado! Alguns anos se passaram desde que entramos em nossa igreja, há 10 anos permanecemos no caminho e temos sido acrescentados todos os dias.

Hoje somos uma família de referência, hoje nosso testemunho prega, hoje podemos ministrar mediante aquilo que o Senhor confiou a nós. Sabemos o tamanho da responsabilidade confiada a nós; vivemos um momento delicado na nossa sociedade, mas seremos aqueles que não desistem, seremos aqueles que falam da verdade, seremos aqueles que guardam a essência de Jesus. E com o nosso testemunho, outras famílias poderão ser transformadas, como a nossa foi.

Não importa tudo o que passamos outrora, o que realmente importa é o poder transformador da palavra de Deus em nossas vidas. O que parecia ser uma história de fracasso, de fim, de morte, hoje serve de exemplo para outras famílias crerem que é possível. Assim como a minha família foi alcançada, transformada e restaurada, outras também serão, para a glória do nome de Deus. Aquele que crer verá a manifestação do poder de Deus, porque Ele pode fazer muito além do que precisamos ou imaginamos.

"Para que todos vejam, e saibam, e considerem, e juntamente entendam que a mão do SENHOR fez isto, e o SANTO de Israel o criou". (Isaías 41:20).

Existem conquistas que só alcançamos quando estamos com Jesus!

Ingrid Franklin

Jeanne Lacke

Influenciadora, casada, empresária, *designer* de calçados e criadora da marca de calçados e acessórios que leva seu nome: Jeanne Lacke.

Tendo sofrido abuso sexual quando criança e trilhado o caminho das drogas, dores e perdas, ela descobriu a oportunidade de viver uma vida livre dos traumas por meio da Palavra de Deus. Hoje, se empenha em levar essa liberdade a outras mulheres através das suas redes sociais e de encontros presenciais.

jeannelacke

contato@jeannelacke.com.br

jeannelacke

www.jeannelacke.com.br

DA INOCÊNCIA PERDIDA AO CAMINHO DA SUPERAÇÃO

por Jeanne Lacke

Por muito tempo da minha vida, eu pensei que não seria capaz de ser livre dos traumas vividos, justamente pelos graves problemas que tive na infância. Eu nasci e cresci em um bairro humilde do subúrbio do Rio de Janeiro, em uma família de pais separados que, dentro das suas condições emocionais e financeiras, tentaram me dar o melhor para que eu pudesse ser uma criança saudável e feliz. Era difícil, psicologicamente, conciliar dentro de mim a qualidade de vida que cada um tinha, pois com minha mãe tínhamos uma vida humilde em que nos faltavam muitas coisas, passávamos muitas dificuldades. Já com meu pai era diferente, ele era um empreendedor esforçado que lutava para ter uma vida de luxo e isso já me colocava em desequilíbrio. Era uma vida resumida entre altos e baixos e eu, ainda criança, tinha muita dificuldade de compreender isso – ao mesmo tempo que eu tinha tudo, eu também não tinha nada.

Esse desequilíbrio não foi tão profundo quanto o choque dos abusos sexuais que comecei a sofrer aos 6 anos, causados por um parente muito próximo por parte da minha família materna. Em um resumo muito claro, posso enumerar os impactos que ficaram gravados nas minhas lembranças.

O primeiro, foi o dia da separação dos meus pais. Eu tinha por volta de 4 anos, estava agarrada nas pernas da minha mãe, enquanto eles brigavam muito e dividiam os móveis da casa. O segundo, aconteceu quando eu já estava na nova casa do meu pai, para passar um final de semana com ele e a nova esposa, na época. Lá, me deparei com a mesinha da sala ainda suja com minhas tintas guache. Eu não podia acreditar: era a minha mesinha, na qual amava comer biscoito com leite e fazer minhas pinturas. Ela estava justamente ali, e saber que ele a tinha levado para sua nova casa foi um baque para mim. Crianças guardam detalhes. O terceiro e mais chocante impacto foi um conjunto de imagens: uma pia de cozinha de brinquedo, uma piscina sem azulejos e com águas turvas, alimentos como leite condensado e o cereal Neston, produtos pouco acessíveis por serem caros na época. Vejo também um pé de abacate e um pé de graviola, minha fruta preferida, tudo isso num quintal amplo de chão de terra. No fundo, duas casas humildes. Com certeza essa lembrança é a mais devastadora de toda a minha vida, porque nesse cenário, a minha infância foi interrompida e minha inocência, roubada. Ali naquele quintal, na piscina com água turva (que era proposital) e dentro daquelas casas acontecia uma das maiores violências que uma criança pode sofrer: eu era abusada constantemente por quem deveria ser um dos meus protetores. Era lá que começava uma trajetória que iria marcar a minha vida para sempre. Os abusos duraram 6 anos, eu era constantemente ameaçada. Uma das ameaças envolvia desestabilizar a minha mãe e tirar de nós a nossa casa – a maior insegurança que tínhamos era relacionada à nossa moradia. Não tínhamos casa própria e ali morávamos de favor. Minha mãe se esforçava muito para ter uma casa e um teto limpos e esse era um dos motivos que eu aguentava tudo calada. Não queria ser fonte de mais sofrimento para ela.

Todo abusador tem como prioridade fazer a criança sentir medo e culpa pelos atos que ele comete contra ela, para que suas ações fiquem impunes e em segredo. E a culpa tornou-se minha companheira; me sentia culpada pelos abusos, pelo vício em pornografia na infância e culpada por ter nascido. Perdi minha capacidade de desenvolver a vida de forma natural. Pouco depois, também comecei a sofrer com crises de epilepsia e convulsionava em diversos lugares, como supermercados, escola e brincando com as amigas, dentre outras situações. Era triste e humilhante passar por tudo aquilo e acordar diversas vezes no hospital. Foi nessa fase que tentei meu primeiro suicídio (porque foram muitas tentativas ao longo da vida), com apenas 7 anos de idade. Numa crise de desespero, bem naquele quintal, após uma briga, corri para a cozinha, peguei um facão e tentei enfiá-lo no meu peito. Por sorte, eu não tive força suficiente para fazê-lo.

Perdi o desejo pelos estudos, a capacidade de aprendizado e a concentração e isso se arrastou até fase adulta, me fazendo repetir de série por 4 vezes. Além disso, fui expulsa de todas as escolas onde estudei; eu era rebelde, nutria dentro de mim muito ódio, passei a ter ódio dos meus pais.

Com 13 anos, eu já fumava cigarros e bebia quase diariamente, ia muitas vezes para a escola bêbada. Por volta dos 14 anos, os abusos acabaram, mas meu sofrimento não; ali, eu iniciava uma nova etapa do abismo: as drogas. Eu tinha tanta sede de esgotar a minha vida, que a primeira droga que usei foi cocaína e logo estava viciada em cocaína, maconha, cigarro e álcool, com apenas 15 anos. Era vista como má influência, louca, sem juízo, drogada, alcoólatra – a filha, neta, sobrinha e prima problemática da família. Eram noites e noites fora de casa, muitas tentativas de fuga da realidade que rasgava o meu peito, idas e vindas ao Conselho Tutelar e algumas passagens por delegacias: assim foi minha vida até os 19 anos. Com medo de contar o abuso e trazer para a minha família uma tragédia, eu ocultei essa maldade e me tornei a tragédia da minha própria vida e, consequentemente, da minha família. Sempre digo que atrás de todo vício tem um trauma não resolvido!

Minha mãe trabalhava fora para sustentar a nossa casa; por anos, em meio a esse caos, eu cuidei do meu irmão mais novo. Uma menina vivendo uma tragédia, com vícios e a cabeça completamente perdida não tinha a possibilidade de cuidar de uma criança, mas sei que minha mãe não tinha opção e nem condições para uma outra alternativa.

Por muitas vezes, eu me pegava observando a vida dos vizinhos "normais" na janela da minha casa. Minhas vizinhas adolescentes tinham a vida que eu desejava ter, uma vida tranquila, vivendo a sua própria idade. Eu ficava me perguntando por que eu não tinha uma vida "normal" igual à delas, com disciplina, com alguém em casa para cuidar de mim e do meu irmão. Ter hora certa do café, do almoço e do jantar, fazer dever de casa, ser uma menina "normal", porque eu vivia mergulhada em um turbilhão de sentimentos e ressentimentos.

Dessa forma, nasceu dentro de mim o primeiro desejo bom. Eu queria muito ser uma pessoa "normal", ter uma vida diferente, conseguir estudar, ter amigos legais, não usar mais drogas, parar de beber e conhecer alguém que me valorizasse. Foi então que, em um baile, conheci um rapaz, nos envolvemos e ele parecia ser um cara aparentemente "normal". Fiquei muito empolgada com a possibilidade de mudar de vida através dele e logo me apaixonei, comecei a criar muita expectativa sobre o futuro: namorar, noivar e me casar para, enfim, ter uma vida "normal".

Eu também não conseguia enxergar que ele não me valorizava e que me levava a fazer coisas que não eram certas, apesar de me incentivar a realizar outras coisas boas com seus conselhos. Eu tinha 18 anos e ele 28. Criei tanta expectativa que queria me casar logo; já estava falando em noivado e sonhava todos os dias em construir uma família. Aos poucos fomos nos conhecendo. A essa altura, eu estava tentando me livrar das drogas, do cigarro e das bebidas, a pedido dele. Aquela era minha oportunidade de ser feliz e ter uma vida nova.

Eu segui apaixonada e confiante de que iríamos dividir uma vida juntos. Aquilo tudo era um sonho. Eu, que ficava na janela admirando a vida das minhas vizinhas, estava muito empolgada pela oportunidade de construir uma outra vida.

Até que algo inesperado aconteceu. Eu estava fazendo uma faxina em casa e encontrei uns livros cristãos que minha mãe tinha no fundo de um armário. Eu nunca tinha visto aqueles livros na minha casa. Fiquei surpresa, dedilhei as páginas e comecei a ler para ver do que se travava. Sentei-me no chão e li o livro todo antes que a noite caísse. Fui envolvida por uma vontade de viver sem explicação; ali entendi exatamente como eu queria ser, o que eu precisava fazer para me tornar uma jovem que agradasse a Deus. Eu mergulhei naquele livro como em um rio, e quando terminei, era como se tivesse saído do rio de alma lavada, com uma clareza mental do que eu realmente precisava fazer para mudar a minha vida.

Então tomei a decisão de conhecer profundamente a esse Deus e tomar posse dessa vida nova. Eu precisava contar tudo para o meu futuro noivo e dar a ele a oportunidade de também conhecer esse Deus. Naquele mesmo dia, liguei para ele e disse que tinha algo muito importante pra falar. Ele estava trabalhando e combinamos que após o serviço ele iria direto para a minha casa.

Preparei uma mesa de lanche, arrumei a mesinha da sala, coloquei o livro na mesa e estava pronta para recebê-lo. Ele viria logo depois que eu chegasse da escola, à noite. Portanto, voltei da aula satisfeita, ansiosa pela nova vida que poderíamos ter juntos, e fiquei esperando. Mas as horas passavam e ele não vinha. Decidi ligar para ele, mas seu telefone dava apenas sinal de desligado. Adormeci no sofá enquanto o esperava e ele não chegou.

Na manhã seguinte, fui acordada por um primo que era meu vizinho com uma terrível notícia. Foi difícil de acreditar, mas, depois que saiu do trabalho, ele foi assassinado dentro do ônibus. Meu mundo desabou, o chão se abriu e pensei: "Esse é o meu fim".

Em desespero, chorando muito, entrei no meu quarto para vestir uma roupa e ir ao orelhão ligar para a família dele. Queria tentar entender o que tinha acontecido. Foi então que percebi que não estava sozinha – uma força estranha entrou comigo dentro do quarto e uma voz na minha mente gritou: "Esse é o seu Deus? Que mata pessoas? Que matou o seu amor? Você não tinha dito que queria conhecer esse Deus? Será que Ele existe mesmo? Como deixou essa desgraça acontecer na sua vida?".

Diante disso, uma revolta envolveu o meu coração. Eu sabia que quem estava falando comigo era Satanás. Eu não podia me sentir intimidada e nem tratá-lo com fraqueza, pois ele era o causador de todas as desgraças em minha vida. A partir daquele sofrimento que se formou à minha volta, todos os outros traumas que eu tinha vivido se juntaram para me persuadir a negar esse Deus que eu estava tão disposta a conhecer.

Nesse momento, aquela semente – o desejo profundo de mudança e tudo o que eu tinha aprendido através do livro – tomou forma e eu ousei falar com Satanás. Disse: "Eu sei que é você, Satanás e também sei que foi você quem causou tudo isso!" Então, reuni todas as minhas forças e completei: "Satanás, hoje você perdeu a minha alma, não importa o que tenha acontecido, eu sei que foi você quem fez isso. E hoje, decido que a minha alma passa a ser do Senhor Jesus!". Esse foi o grito mais profundo que dei na vida, essas palavras saíram de dentro das minhas entranhas.

E, imediatamente, tive um encontro com Deus. Ele desceu e eu O conheci; Ele me disse as palavras que estão gravadas na minha alma e que me sustentam até hoje: "Filha, você é minha". Com Seu braço forte, Ele me separou e se pôs à minha frente, fazendo Satanás sair. Desde então a minha vida nunca mais foi a mesma; fui sendo transformada, dia após dia.

Assim, em meio ao caos, fui do abismo ao céu, do fundo do poço à impactante paz que me sustenta até hoje. O profundo desejo de ter uma vida diferente me levou ao caminho da superação.

Como humana, sofri o luto, mas na mesma semana procurei uma igreja e passei a buscar o divino, me envolvi em fazer a vontade Dele. Com o tempo, Ele levou meu luto, minha dor, meus traumas e transformou a minha vida. E eu quero encorajar você, neste capítulo, a conhecer esse Deus.

Hoje, me coloco à disposição Dele para incentivar mulheres que, assim como eu, tiveram suas vidas dilaceradas pelos traumas e que buscam uma saída para as suas dores.

Eu fui curada dos traumas, dos abusos, das dores, dos vícios, da epilepsia, da falta de concentração, da depressão, da revolta, do ódio, da raiz da rejeição, da falta de amor e de todas as mazelas que a vida longe Dele me causaram. Eu consegui e você também vai conseguir!

Agora sinto a tão sonhada paz. Tenho muito mais do que a vida "normal" que eu tanto desejava. Foi muito mais do que isso: me tornei um testemunho de vida, um exemplo do uso da fé em Deus, que é o altar da santificação. O altar não falha e nem deve nada a ninguém. O homem pode ser falho, mas o altar continua intacto e imaculado desde a Criação e é no altar que os nossos olhos devem permanecer até o fim.

Hoje, tenho um ótimo relacionamento com os meus pais, sou exemplo para o meu próximo e, muitas vezes, não preciso falar nada para que o perfume de Jesus seja percebido em mim. Sou casada com um homem incrível, que me valoriza e me ama de verdade. Há 10 anos estamos construindo nossa história e sonhos, sem perder o foco do que é principal: o Céu.

Tome posse desses 7 passos importantes que vou descrever abaixo. Foi o que eu fiz para dar o pontapé inicial no meu caminho para a superação!

1º - Reconhecer. Reconheça sua real condição, seja ela emocional, psicológica, física ou espiritual;

2º - Desejar. Deseje ardentemente uma nova vida, não importa a situação que você esteja vivendo hoje;

3º - Falar com Deus. Fale o quanto você precisa conhecê-lo;

4º - Decida. Decidir é a arma mais poderosa que você tem e é de uso exclusivo seu;

5º- Focar. Foque no Céu. Depois que você aplicar as quatro ferramentas mencionadas acima, você vai precisar muito do foco, porque as distrações, os obstáculos e as tempestades virão para fazer você desistir;

6º - Não desista. Lembre-se: muitas coisas podem acontecer para impedir você de chegar em seu alvo, mas **todas** elas logo passarão se você não desistir!

7º - Quero conhecer você. Se tiver disposta a seguir os seis passos acima, vou amar ouvi-la. Escreva pra mim!

"O profundo desejo de ter uma vida diferente me levou ao caminho da superação."

Jeanne Lacke

Jeniffer Sant'Anna

Meu nome é Jeniffer Sant'Anna, tenho 31 anos e nasci na cidade do Rio de Janeiro. Sou esposa do Matheus Santigo e mãe de duas meninas, Giovana e Isadora. Além disso, tenho a promessa da chegada de um menino.

Sou técnica em contabilidade e atuo na área há mais de 10 anos. Hoje, estou concluindo um bacharelado em Ciências Contábeis.

Faço parte do ministério ADMRF (Assembleia Deus Ministério Restaurando as famílias), com os pastores Wagner de Oliveira e Luciana de Oliveira. Sou do corpo de obreiros, tesoureira e faço parte da coordenação e da equipe do Restaurando Mulheres.

jeni_santanna

jeniffersantanna23@gmail.com

Jeniffer Sant' Anna

(21) 99046-6513

A ESCOLHA É MINHA, MAS O PROPÓSITO É DELE

por Jeniffer Sant'Anna

Fui uma menina criada pelos padrinhos, católicos tradicionalistas, que me deram uma base familiar, me mostrando como ser esposa de uma só pessoa, investindo em mim para que eu tivesse uma profissão e fosse uma pessoa do bem.

Já adulta, aos 18 anos, com os meus padrinhos falecidos, retornei para a casa da minha mãe. Eu achava que estava pronta para uma vida, namorando, trabalhando e cheia de sonhos. Aos 20 anos, descobri que estava grávida; e agora? Pensei que havia chegado a hora de colocar em prática o que aprendi: formar uma família, me casar, fazer uma faculdade e ensinar para a minha filha tudo o que eu havia aprendido.

Éramos imaturos, novos, mas demos a largada para a vida e decidimos morar juntos. Com a ajuda dos nossos familiares, compramos um apartamento e tivemos nossa Giovana. Mas as coisas foram ficando difíceis e o relacionamento terminou – nossa pequena tinha apenas 5 meses. Meu mundo desabou. O que eu ia fazer como mãe solteira? Como ensiná-la a conviver com pais separados, se eu mesma não sabia como lidar com isso? Apenas sabia que as consequências das minhas ações impactariam a vida dela. Segui minha jornada e consegui um lugar para morar, pois o apartamento que compramos estava no nome da mãe dele e era ela quem pagava – eu não tinha condições financeiras. Foram dias sombrios e cheios de frustrações: passei por diversos conflitos internos, que fizeram adormecer o que aprendi. Decidi que nunca mais me casaria ou teria filhos. Simplesmente fui vivendo, sem regras, sem fé, sem religião.

Giovana já ia completar 3 anos, e eu permanecia solteira; tinha um emprego na minha área, mas me sentia sozinha e vazia, mais errando do que acertando. Então decidi conhecer alguém, só que não para namorar, apenas para ficar. Foi assim que conheci o Matheus, e lembro que uma amiga alertou: "Ele é de boa família, mas está meio perdido na vida entre o álcool e as drogas". Disse a ela que eu não ia me casar com ele, queria apenas me divertir. Porém, 2 meses depois, descobri que havia engravidado novamente, mesmo usando métodos contraceptivos de forma correta. Chorei de desespero, o cenário era de caos.

Com todo o meu orgulho, contei para ele que estava grávida e que não precisávamos ter um relacionamento para ele ser pai. Disse que eu estava criando uma criança sozinha e faria o mesmo com a outra, ele só teria que arcar com os compromissos. Concordamos em fazer dessa maneira, ele não queria ficar comigo, pois havia terminado um relacionamento de

8 anos. Este seria o primeiro filho dele e, apesar da situação, ele ficou extremamente feliz, tinha o sonho de ser pai.

Logo, ele me levou para conhecer a sua família. Como não éramos um casal, eles só sabiam que eu estava grávida, mas nunca tinham me conhecido. Chegando lá, vejo uma família católica tradicionalista; pais casados há mais de 30 anos, criando seus filhos para serem pessoas do bem. Ver toda aquela união e o companheirismo deles me trouxe à memória tudo o que me ensinaram. Isso despertou em mim aquele desejo que estava adormecido e guardado bem no fundo do meu coração.

Após esse encontro, eu tive a minha primeira experiência com Deus. Ouvia nitidamente uma voz dizendo: "Não desista dele, lute pela sua família". Eu não entendia que voz era aquela, achei que era coisa da minha cabeça, mas dormia e acordava com aquela voz se repetindo. Os meses foram passando, a gestação seguia ótima, Matheus me deu todo o amparo de que eu precisava, mas continuávamos cada um em sua casa, só que agora mais próximos. Meu sentimento por ele ia crescendo, ele tratava a minha filha mais velha de uma maneira tão especial. Desse modo, decidi fazer dar certo. Pensei: "Vou ensiná-lo a me amar!". Por fim, fomos morar juntos. Vi uma ponta de esperança, mas no fundo sabia que ele tinha decidido que fosse assim somente por nossa filha. Eu aceitei, com a certeza de que um dia ele poderia me amar.

Com o passar dos meses, tivemos nossa menina, a Isadora. Foi a alegria da família dele: a primeira filha, a primeira neta; eu estava feliz por proporcionar isso a eles, mas o vazio permanecia em mim. As coisas foram ficando mais incômodas, eu era mãe de duas meninas e morava com uma pessoa que fazia coisas erradas. Eu precisava dar um jeito naquela situação, minhas filhas estavam crescendo e não tinham que passar por aquilo, mas eu não sabia o que fazer. Até que recebi um convite de uma amiga de infância para ir à igreja, uma Assembleia. Ela sempre me convidava, mas eu nunca ia. Daquela vez, no entanto, o convite soou de maneira diferente. Fui e fiquei maravilhada, sai de lá impactada, nunca tinha sentido aquilo; cada palavra fazia com que eu revivesse a minha história.

Comecei a frequentar a igreja sem entender muito bem o que era o agir de Deus, não estava acostumada com aquele mover, até que, no final de 2017, resolvi aceitar a Jesus. Uma palavra que me fez tomar essa decisão foi o grito de guerra do meu pastor: "Aqui, é lugar de receber vitória!". Eu precisava, naquele momento, ajudar o Matheus, mostrar a ele que ali era o melhor lugar. Tivemos uma longa conversa e disse a ele que não aceitaria mais as madrugadas de ausência, ou a falta dele ao meu lado nos cultos. Que precisaríamos viver como um casal que pensa junto, que sonha junto, que constrói algo. Deixei a escolha nas mãos dele: a família em Deus ou a vida só.

Foram 2 anos ajudando Matheus a viver da forma como seus pais o criaram para ser. Conseguia ver que os sentimentos dele já tinham mudado, ele me amava por mim e não só pelo que eu era: a mãe da filha dele. Houve muitas noites difíceis, abstinências, medo, inconstâncias, mas tivemos resultado. Matheus se entregou aos pés do Senhor, houve libertação e mudança e eu fui entendendo que aquela voz do início era o Senhor já me chamando para viver os planos Dele.

Mergulhamos no Evangelho, detectei o motivo do vazio, a sensação de tentar viver com todas as minhas forças, me esgotar e não conseguir nada: faltava Jesus! E para a obra ser completa, eu precisava ser honrada. Um dia cheguei em casa e me deparei com as crianças arrumadas e a mesa posta. Matheus estava segurando as alianças, nervoso, mas pronto para me pedir em casamento, com a exigência de que eu carregasse o nome dele, porque ele havia tomado posse e seria o sacerdote da casa.

O pedido foi feito no dia 4 de fevereiro de 2019 e então, começaram os planos: casamento no civil, no religioso, vestido, padrinhos, investimentos, etc. Decidimos nos casar no ano seguinte, no dia que faria 5 anos que havíamos nos conhecido: 26 de abril de 2020. Passamos o ano inteiro organizando tudo, até que pairou uma nuvem negra sobre nós: ele estava em um novo empreendimento, eu fui demitida e nosso carro havia sido roubado. Com o casamento às portas, o desespero veio, mas conseguimos pagar tudo. Eis que chegou a pandemia e tudo fechou; tivemos que remarcar para ano seguinte, dia 26 de abril de 2021.

Foi um ano difícil, devido ao cenário global pelo qual todos passamos. Uma das pregações da minha pastora, que me sustentou durante esse tempo, foi sobre o livro de Rute, que descreve que Elimeleque decidiu sair de Belém – a terra do pão. Em determinado momento, esse pão ficou escasso. Eu me apeguei a essa palavra, pois estava vivendo um tempo de escassez; no entanto, cria que Deus mudaria o caminho e que haveria um propósito em tudo aquilo. Permaneci e Deus abriu uma possibilidade de emprego, um trabalho em regime *home office* na minha área, com benefícios e com a possibilidade de cuidar da minha família. Tive a certeza de que aquela vaga veio para me resgatar e me dar esperança, assim como Boaz fez com Rute e Noemi. Sigo até hoje, em crescimento, nessa mesma empresa.

Tudo parecia estar se encaixando novamente, quando recebi a notícia de que o salão onde aconteceria o casamento havia falido devido à pandemia. Não sabíamos o que fazer, já que estava tudo pago. O que aconteceria com os outros fornecedores? Nossos familiares se juntaram para ajudar. Fomos em busca de um novo salão, conseguimos reaver uma parte do valor e a outra parte fomos juntando até chegar a data. Os dias se passaram e 2021 chegou. Os salões foram reabertos, poderíamos, enfim, nos casarmos.

Prossegui com os preparativos; no final de janeiro, fui a uma consulta oftalmológica devido a uma bolinha pequena que havia surgido no canto do meu olho esquerdo. Descobri que aquilo era um câncer, um carcinoma basoescamoso – um tumor raro e agressivo, com possibilidade de metástase.

A médica disse que eu tinha que operar às pressas, e marcou a operação para fevereiro, de modo que eu não precisasse de nenhum tratamento invasivo e para que pudesse ter tempo da recuperação antes do casamento. Mas as coisas não saíram como o planejado. O plano de saúde demorou para liberar a operação e acabamos perdendo a data. Com isso, a médica só tinha vaga para abril. Não pensamos muito, afinal, minha saúde era prioridade. Tivemos que cancelar o casamento – já não dava mais para remarcá-lo. Além disso, havia a questão financeira: gastamos o dinheiro que havíamos juntado para terminar o pagamento do salão para arcar com os custos da operação, que o plano não cobria.

Eu fui tomada por um sentimento de frustração, pois vi meu sonho todo planejado, nos mínimos detalhes, ser quebrado e perguntava ao Senhor: "Por que eu não tinha conseguido realizar algo tão simples? No meio desse questionamento, ainda tinha o medo da operação e a incerteza com relação aos próximos passos para a minha cura. Também sentia vergonha de avisar às madrinhas e aos padrinhos, que já tinham comprado ou alugado as roupas para o grande dia, que a cerimônia não existiria mais. Sabia que eles entenderiam, mas não consegui me livrar desse sentimento.

O dia da operação – 7 de abril de 2021 – chegou. Eu estava muito nervosa, e enquanto esperava, refleti sobre toda a minha trajetória. Deus me guiou em pensamento a todas as coisas que haviam acontecido. Foi quando vi que estava sentindo tudo aquilo porque eu não havia entregado os meus problemas a Ele. Então, fui ministrada pelo próprio Deus, que falou ao meu coração que se um dia eu chorei, foi para lembrar que existia um Deus capaz de mudar minha história, e me levou ao Livro do Êxodo (14:14): "*O Senhor lutará por vocês; tão somente acalmem-se*".

Quando saí da sala de cirurgia, lembro que a médica chamou o Matheus e disse que havia sido um sucesso: "Ressecamos o tumor na sua totalidade, ela está curada. Venha aqui recebê-la. Preparamos um café, leve-a até lá". E eu fui, ainda meio tonta. Os médicos fizeram uma mesa linda, me senti tão bem, pude apreciar os cuidados do Senhor comigo.

A médica falou que o tumor era bem profundo, enraizado e que a operação aconteceu na hora certa. Se esperasse um pouco mais, a minha visão, audição e as cordas vocais estariam comprometidas. Eu só pensei em louvar e agradecer, estava curada de um câncer raro, com a certeza de que foi o Senhor que quis assim.

O casamento no civil já havia acontecido; assinamos os papéis e estávamos felizes, afinal, a minha saúde havia sido restaurada. E então recebemos um convite dos nossos pastores para fazermos parte do corpo de obreiros. Esse convite encheu os nossos corações, tínhamos certeza de que não havia outro caminho: queríamos mergulhar mais fundo. Casados no civil, batizados, nada mais nos impedia de viver o que Deus queria para nós.

Não estávamos esperando mais nada, Deus já tinha se revelado a nós na minha cura, mas as coisas com Ele não são incompletas. Ele não é um Deus de falta, e não ia deixar em mim o sentimento de frustação. Assim, Ele usou os nossos amigos da igreja para nos prepararem um casamento surpresa. Em um mês, eles organizaram tudo, sem que a gente desconfiasse de nada. Na manhã do dia 29 de maio de 2021, um sábado de consagração, a mesma amiga que havia feito o convite para que eu fosse à igreja, me levou para casa dela. Chegando lá, me deparei com um vestido de noiva, uma linda sandália, uma maquiadora e um fotógrafo. Eu fiquei sem ação. Tiramos fotos e arrumei o cabelo enquanto perguntava o que estava acontecendo. Ela só ria. Eu fiquei imaginando que íamos para um local tirar fotos para termos lembranças.

Finalmente, fiquei pronta, me senti a mulher mais linda do mundo. Ela então me levou para a igreja, onde fui recebida com um buquê; encontrei meu pai, um tapete vermelho e, no final dele, Matheus chorando. Olhei para os lados e lá estavam os nossos familiares e amigos, uma mesa linda de festa e os pastores prontos para realizar a tão sonhada cerimônia.

Não consigo expressar em palavras o que estava sentindo, o quanto foi lindo cada detalhe. Minhas filhas vestidas de damas, emocionadas com a minha entrada. Deus estava presente ali, até lua de mel nós tivemos. Deus trabalhou em nossas vidas em cada detalhe, nada faltou. Pude entender que as coisas acontecem do jeito que o Senhor quer, mas temos que deixá-lo agir, abrir a porta para Ele entrar.

Lembram aquela pergunta que eu havia feito ao Senhor? Por que eu não tinha conseguido realizar uma cerimônia, já que era uma coisa tão simples? Ele me respondeu que a cerimônia tinha que acontecer de maneira que o nome Dele fosse exaltado. Além de ter havido uma quebra de maldição por parte da minha família, pois ninguém havia casado na igreja e uma continuação da tradição da família dele, porque todos haviam casado na igreja. Tínhamos que deixar esse legado para as nossas filhas e ter um testemunho para que, no futuro, pudéssemos exercer o nosso ministério com autoridade.

Este breve relato e só uma pontinha daquilo que Deus é capaz de fazer para aqueles que se entregam sem olhar para trás. Busque enraizar-se nos pés do Senhor: os nossos planos só se completam quando Deus está neles!

> Se um dia o seu coração chorou, lembre-se de que existe um Deus capaz de mudar sua história.
>
> *Jeniffer Sant'Anna*

Klayd Santana

Me chamo Klayd Eduarda S. Santana, sou empresária no ramo do turismo, mãe de um lindo menino, o Nycholas Borges.

Em meu ministério pessoal, tenho tido o prazer em ouvir mulheres, priorizando o aconselhamento com foco no emocional. Dessa forma, posso ajudá-las a detectarem suas feridas ocultas e expostas, fazendo a leitura correta dos acontecimentos ao seu redor e disponibilizando ferramentas pautadas nas palavras para fecharem portas antigas. Logo, é possível abrir passagem ao novo, a fim de viverem uma vida espiritual saudável.

Trago testemunhos de mulheres, ainda não publicados (pessoais e conjugais), tendo como base a oração e a intercessão.

klayd.santana

(61) 98156-9862

eklayd70@gmail.com

JORNADA ENTRE A REBELIÃO E A OBEDIÊNCIA

por Klayd Santana

No processo da vida, torna-se comum a humanidade, o nascer, o desenvolver-se, apresentar a conclusão, o troféu de uma vida bem-sucedida ou não. Esse era o meu alvo: sair da cidade interiorana que hoje, após 40 anos, conta com 8.986 habitantes, aproximadamente. Sair era mais que um sonho, era poder respirar com liberdade, sem ser vigiada ou controlada. Em paralelo a esse tempo, meu pai João Ponciano, que já dorme no Senhor, usava suas horas vagas para estudar, e, mais tarde, se tornar um excelente pastor.

Chegou o grande dia da conquista, aos 14 anos estava deixando a minha cidade natal. Meu sorriso era largo e visível à distância; estava indo embora daquele lugar que se tornara pequeno diante do que eu almejava. A expressão que a minha mãe revelara era a de um mar de dores que cobria o seu rosto de traços finos e delicados. A sensação que ela sentia era a de que a qualquer momento seu coração pararia, tamanha a dor. Eu estava certa de que havia tirado todas as suas lágrimas e sua alegria, mas isso não era o suficiente para eu alterar a rota que havia desenhado. A partir desse instante, entrei em um cenário que Deus não havia projetado para mim. Inaugurada estava a rota de rebeldia. Rebeldia é fazer o que Deus não te mandou fazer. Rebeldia é sentir dores desnecessárias, é roubar o cenário de Satanás.

Eis o primeiro estágio sobre a influência da rebeldia: migração realizada, o GPS indicava: "Você chegou ao destino final". Passaram-se os anos, estudos, mas o mundo espiritual não te esquece. Ele te cobra, tem um preço.

Segundo estágio: o GPS ativado sobre a influência da rebeldia: julgo desigual. Encontro meu futuro marido e, até estarmos casados, daria uma segunda história que envolveria muito perdão. Um homem bom, mas com emoções e sentimentos acorrentados (um rebelde sempre atrai outro rebelde).

O meu futuro estava entalhado por escolhas antigas, mas com reflexo no presente. Certa vez, ouvi uma frase: "Que seus pensamentos sempre cheguem primeiro que os seus pés". Os teus pés são os últimos a pisarem em uma terra. O apóstolo Paulo nos recomenda em sua carta, 2 Coríntios 10: *"Levemos nossas mentes cativas à obediência ao Senhor"*. O que somos é formado pelos pensamentos que deixamos entrar na nossa mente e coração.

Terceiro estágio: GPS retoma sobre a influência da rebeldia: a união com o julgo desigual, o casamento. Casei-me com um homem bom, mas com um espírito, uma alma e um corpo aprisionados. A quebra de princípios sempre te levará ao lugar errado, adverso ao desenho original de Deus.

O espírito dele estava desconectado da verdade contida em Deus. A alma no centro, no governo, valorizando o que não tem valor algum. Sexo fora do casamento da parte dele, amigos acompanhados de uísque e cigarro; nessa sinfonia desafinada e mal orquestrada, não poderia faltar o vício da maconha. Como premiação, nas noites frias e chuvosas, era adicionada, entre os amigos, uma roda na qual a cocaína era servida.

Como testemunha por vezes ocular, a minha roupa de luxo era a tristeza, o peso da desobediência, da rebeldia e a vontade de correr para os braços tão distantes, geograficamente, dos meus pais. Em toda a minha jornada, Deus cercou-me, blindou-me com muito temor, não permitindo que eu experimentasse nem mesmo o gosto de um vinho, até hoje. Sei agora que em cada prisão na qual o homem vive há um guardião das trevas, para que ele permaneça nela.

Você não parou para ler esse capítulo por uma decisão única sua, mas por uma influência do próprio Espírito de Deus, pois ao final dessa leitura você será livre das prisões. O Espírito de Deus, enquanto escrevo, me faz sentir suas dores e angústias, seus choros solitários de uma vida acorrentada, que grita por libertação.

Certa manhã, pouco após acordarmos, a campainha tocou e fui até a porta: eram viaturas da polícia, com armamentos pesados. Fomos acusados de sermos traficantes. Era incompreensível a eles o padrão de vida que levávamos. Não era filme, era realidade e o roteiro estava se desenrolando a todo vapor. Naquele momento, meu mundo interior foi ao chão: nem um só dia deixei de orar, clamar, mesmo sabendo que havia feito uma rota diferente daquela que o Senhor havia delineado para minha vida. O acusador das nossas almas agiu com rapidez, era nítida a sua voz dizendo: "Quero ver você sair dessa". Fui colocada em um carro da polícia, um dos policiais quis colocar algemas nas minhas mãos, mas foi impedido de fazê-lo. Meu marido, em uma outra viatura, saiu algemado. Andaram conosco por mais de 40 minutos, passamos em lugares onde não se via uma só pessoa e só depois soube que estávamos sendo interrogados. As perguntas eram idênticas para ambos. Antes de sairmos falei com meu marido: "Fale somente a verdade".

Enfim, chegamos à delegacia. Fui atendida por um delegado, e ele me perguntou quem eu era. Respondi: "Sou uma cristã, nunca experimentei droga alguma, carrego princípios, sou filha de pastor. Nesse instante, ele pegou a minha mão e a cheirou. Não percebendo nenhum resquício, olhou para os policiais e disse: "Eu acredito que ela carrega a verdade. Soltem-na e não façam nenhum registro. Mas o marido dela dormirá na prisão, só sairá amanhã, após pagarem uma fiança". Naquele momento, vi a bondade de Deus nitidamente expressa. Houve escape celestial para ambos.

Os anos se passaram, mas o peso da rebeldia e da desobediência permanecia. Tínhamos momentos bons, certamente, mas sob um julgo muito pesado. Não havia com quem compartilhar - com meus pais, jamais, não era justo envolvê-los e tampouco acrescentar pessoas nessa história. Ela teria que terminar em mim, eram intensos os barulhos da minha alma.

Certa noite, fui convidada a dar uma palavra para jovens ara jovens na igreja da qual congregava. Estacionei o carro e deparei com um casal de jovens se beijando. Olhei para eles e comecei a vomitar: ali vi o quanto eu estava doente. Eu tinha uma vida ativa na igreja, na sociedade, mas estava doente. Minhas emoções foram atingidas, precisava do Senhor. Ali eu coloquei a mão na minha cabeça e comecei a falar com o Pai: "Não deixe que os parasitas emocionais entrem em ação. Eu saquei o troféu, que é Seu, conquistado na cruz do calvário por Cristo Jesus". Eu tinha uma vida vivida em grandes tempestades. Era necessário um milagre, e milagre somente em Deus.

Diante de mim estava não só um homem, um corpo, mas algo eterno: uma alma. Eu entendia que tudo aquilo pelo que eu passara foram momentos, e que Deus havia me chamado não para momentos, mas para uma eternidade. Assim, meus movimentos não poderiam ser temporais, mas eternos. Tudo em mim precisava sair do natural e entrar no sobrenatural, que é o lugar preparado para os filhos de Deus. As modificações profundas viriam e revelariam o quanto eu carregava Dele.

O cansaço já tomava conta de todo o meu ser. Foram 10 anos orando para que meu marido se convertesse e nada acontecia. Meu corpo e minha alma entraram em colapso. Era necessário tomar uma atitude; então, fui aos pés do Senhor e perguntei o que era preciso fazer. E ele me respondeu: "Submeta-se ao seu esposo". Foi outro colapso, mas agora eu estava tendo uma reação na frente do Senhor Poderoso, do Guerreiro, do Infalível, que não perde uma só batalha. Então me rendi; eu havia perdido para o Senhor e assim iniciava um novo tempo: o da obediência. Comecei a tirar as bagagens velhas e acumuladas. A mais importante delas, para mim, era o amor que permiti sair do meu coração, devido a tantos embates por meu marido usar drogas. É impossível o novo se estabelecer mantendo o velho no lugar. É necessário deixar a dureza ir e vir com a doçura que desce do trono de Deus. Deus tem mais do que uma casa, Ele tem um lar. Confie no Senhor, seja resiliente, pois a resiliência é um estado de imunidade em Deus. Não deixe de ser produtiva, saia do lugar que limita o fluir da vida em seu lar e caminhe em direção ao extraordinário em Deus.

Para a minha surpresa e alegria, na semana da minha entrega total ao Senhor, mesmo com muitas dores interiores, eu finalizava a conversa com o Senhor o adorando com canções e, dentre elas, estava *Amazing Grace*. Meu marido foi ao culto e se entregou a Cristo. Em um só dia, largou o cigarro, bebidas, maconha e cocaína. Os amigos de farra não mais o procuraram. Olhei para dentro de mim e, em fé, dei início a uma viagem insólita; naquele instante, descobri que o sangue de Cristo correndo em mim era o bastante para fortificar-me e manter-me no campo minado, vencendo todas as batalhas.

Estávamos em guerra com o mundo espiritual e quando o momento exigia um pouco de nós, de rendição, de abrir mão de situações que desagradavam a Deus, ele dizia: "Quero me separar", e eu respondia: "Não abro mão de você". Foram dias e anos dando a mesma resposta para ele: "Eu não abro mão de você". Por falta de maturidade, contei esse único episódio a uma pessoa que muito me amava, e ela um dia me disse: "Quando seu marido pedir a separação, aceite, pois é um escape de Deus".

Nunca se mova no nível das suas emoções, da sua alma, dos seus sentimentos: transcenda-os e vá para onde Cristo está. Lá não existe nada inacabado. **Somos um espírito, habitamos um corpo e temos uma alma**. O espírito do meu marido, no início da nossa caminhada, não havia sido regenerado, mas agora eu me relacionava com um homem com o espírito novo, religado a Deus. Sua alma estava em processo de transformação.

Como dizem os *coachs*, foguete não dá ré. Compreendi em Deus que era dali para a frente, dali para a eternidade, para o alvo, que é Cristo. Sempre que nos posicionamos em Cristo, os portais se abrem e a vontade Dele prevalece. Nunca desista do seu lar, do seu esposo, dos seus filhos, porque Jesus está escrevendo e acrescentando o extraordinário. O lugar da obediência me tornou fértil, meu útero foi reativado pelo Senhor e, em pouco tempo, estava grávida de um menino, a quem chamamos de Nycholas (aquele que abençoa).

Estávamos em um novo tempo, chamado de construção, de renovação, Nycholas quase completando seus 7 anos aninhos. Já vivíamos em uma casa com uma nova estrutura; aparentemente, nossas vidas estavam tomando o formato de uma família que contaria aos outros os feitos do Senhor. Nesse ano, saímos de férias. Antes, porém, fizemos exames de rotina, um *check-up*, e viajamos para a praia. Mas fomos surpreendidos com uma notícia: os exames detectaram no pulmão do meu marido um câncer, já com metástase. Fiquei tranquila, pois havia uma só certeza: seria mais um momento de luta e de conquista que viveríamos em família. A virada seria grande, para que o nome do Senhor fosse ainda mais exaltado. Então, o tratamento começou com quimioterapia; eu trabalhando para manter a casa, precisava fazer por mim e por ele. Naquele momento, tivemos a ajuda de todos. Para nossa surpresa, o tratamento por duas vezes foi interrompido, era necessário transfusão de sangue. Se alguém viesse nos visitar, ele não falava que estava doente, e quando não se sentia bem, ele proibia todos da casa de me contarem isso no momento em que eu retornava ao lar. Eu cria no milagre o tempo todo. Ele ia ao hospital somente para fazer exames e transfusão de sangue.

Já completando 6 meses de tratamento, ele acordou e me pediu que eu o levasse ao hospital. Enquanto trocava a minha roupa, o Senhor falou comigo: "Tire toda a sua roupa e o abrace". E assim o fiz, com um detalhe: ao abraçá-lo, senti uma dor que foi expressa por um grito muito forte, alto, que jamais havia ouvido antes. Todos na casa correram imaginando que ele tivesse falecido.

Ele entrou no hospital e, por volta das 11 horas da manhã, olhei para ele e disse: "Eu nunca lhe pedi nada, mas quero lhe fazer um pedido. Volte a vida nos seus olhos, preciso que você queira viver". Ele ficou calado. Em seguida, a enfermeira disse que ele iria para a UTI. Ao passar no corredor, deitado em uma maca aparentemente bem, a sua irmã mais velha emitiu o mesmo grito, e com a mesma duração daquele que eu havia dado horas atrás, em nosso lar, era assustador.

Me deixaram ficar com ele na UTI e, em um determinado momento, comecei a massagear os pés dele. Logo, o Senhor falou comigo: "Beije os pés dele". Comecei a beijá-los, e, à medida que eu ia fazendo isso, comecei a sentir que todo o ressentimento que havia no meu coração, algumas feridas ainda abertas, foram se fechando. Eu estava sendo operada por Jesus; novamente, passei a sentir o mesmo amor que eu sentia no nosso primeiro encontro. Ali, o Senhor estava me restaurando por completo. Sentia-me feliz e leve como se tivéssemos nos conhecido naquele dia. Então ouvi meu marido dizer: "Quero beijá-la". Ele ficou por uns 10 minutos me beijando e depois me pediu perdão por todos os momentos em que havia me enganado e, também, por situações que eu desconhecia. Minha resposta foi imediata: "Eu não tenho que perdoar nada. Você tem um coração melhor do que o meu". E ele acrescentou: "Quero lhe fazer um pedido. Vá à igreja, pegue um envelope, mas não o pegue da mão de nenhum obreiro ou pastor. Pegue aquele que estiver em cima do altar".

Então saí dali, passei na igreja e assim o fiz, mas de forma melhorada. Ousadamente, na fé em mim criada, peguei três envelopes e coloquei três ofertas distintas simbolizando a vida dele, a minha e a do Nycholas. Naquela mesma noite, o Senhor o levou. Somente a eternidade poderá nos dizer qual pedido ele fez, mas uma certeza tenho: o pedido dele foi triplicado, o Senhor o atendeu.

Você me pergunta: "E hoje, o que você faz?". Eu cresço em Deus, cuido de mulheres o máximo que posso, faço questão de visitar cada uma delas.

Se você está lendo a minha história é porque ainda há tempo para você mudar e fazer todos os voos preparados em Deus, para você e para a sua casa.

> Rebeldia é sentir dores desnecessárias. É roubar o cenário de Satanás. É abrir mão de quem é o teto sobre sua cabeça: pai e mãe.
>
> *Klayd Santana*

Lilia Cleide

Primeiramente, eu quero render graças a Deus por esta oportunidade. A Ele toda honra e toda glória: *"Todas as tuas obras te renderão graças, Senhor"* (Salmos 145:10). Quero agradecer, também, ao meu esposo Claudio, pelo apoio e companheirismo, aos meus filhos Gianni, Christian e Johannes e à minha mãe, Fatima.

Me chamo Lilia, tenho 38 anos, nasci em Mombaça, no Ceará, e há 17 anos moro fora do Brasil. Hoje moro na Alemanha, sou cristã e pregadora pela misericórdia de Deus. Curso Teologia, Neurociência e Psicanálise Clínica.

lilia_cleideoficial

liliacleide84@libero.it

O PROCESSO NÃO VAI INVALIDAR O PROPÓSITO

por Lilia Cleide

Escrever este capítulo foi um grande desafio para mim, pois nunca pensei em escrever algo sobre minha vida. Quando chegou esta proposta, eu orei ao Senhor e pedi a Ele uma direção; eu falei: "Senhor, eu quero escrever algo que realmente edifique a vida de alguém, que restaure alguém, que faça o leitor entender que há esperança, porque Deus muda cenários e sentenças. Há histórias que parecem ter terminado, mas é por ali que Deus começa um novo capítulo. Portanto, não foi diferente comigo, tive uma vida superando os processos, mas Deus nunca deixou a minha mão, e em todos os momentos eu sentia o Seu cuidado. Então, chegou a hora de falar um pouco da história que vivi com minha mãe, um processo dolorido e difícil.

Minha mãe, que eu chamo de tia Fati, descobriu que estava grávida, uma gravidez não planejada. Com o passar dos meses, chegou o dia do meu nascimento, um trabalho de parto que aconteceu na casa dos pais dela, os meus avós. Então, naquele dia 14 de abril de 1984, começou a minha história no mundo. Passando um tempo, ela teve que ir trabalhar. Portanto, a partir daquele momento, os meus avós se tornaram os meus pais, uma decisão que mudou tudo, mas que foi necessária. Meus pais Leuda e Pereira, que amo com todo o meu coração e de quem sinto tanta falta, que cuidaram tão bem de mim, hoje descansam no Senhor.

Por mais que meus pais cuidassem bem de mim, aquela decisão deixou marcas profundas, tanto em mim quanto na relação mãe x filha. À medida que eu ia crescendo, também crescia entre nós um muro que nos separava e isso foi dando espaço no meu coração para um sentimento de abandono por parte dela, não existe sentimento pior no mundo. Eu me sentia incompleta, havia uma sensação de incompreensão da parte de todos, afinal, eu estava bem, meus pais me amavam, mas um sentimento maior gritava dentro de mim.

Eu fui crescendo sentido a falta dela, muitas vezes, eu chorava dentro do quarto olhando para o céu, enquanto ouvia uma música no rádio de pilha. Chorava pensando no seu paradeiro e eu lembro o refrão da música até hoje "Quando o ônibus sumir na estrada, lágrimas vão rolar no rostinho seu (...)". Eu não conseguia entender: por que eu? Você pode pensar que eu estava bem, mas não se tratava só de estar bem, mas de tudo o que essa situação envolvia. Eu nunca tive a oportunidade de chamar alguém de vovó ou vovô, porque eles eram os meus pais. E chamar minha mãe de mãe era a minha maior vontade, o meu sonho. Só que não era tão simples assim, porque eu não fui ensinada a chamá-la de mãe. Então, o tempo foi passando e na minha adolescência eu resolvi querer saber quem era o meu pai. Eu tinha o direito de saber e ninguém nunca conseguia me dar uma resposta, a cada hora diziam algo diferente.

Assim, começava mais um processo delicado que eu tive que enfrentar sozinha, porque ninguém entendia a minha necessidade. Com todos esses processos eu aprendi algo: não espere a compreensão das pessoas, elas não vão te entender, por mais que elas te amem. Essa pedra no seu sapato só você vai saber o quanto é dolorida.

Comecei a fazer perguntas para as minhas tias (irmãs), se elas não sabiam quem era meu pai; eu falava com elas, porque com a minha mãe eu não tinha essa proximidade; nós duas nos tornamos desconhecidas. Por mais que ela vivesse perto da gente, eu não a conhecia, ela não me conhecia. Eu perguntava para elas e elas perguntava para a tia Fati, só que sempre tinha uma história diferente. O que ela falava nunca batia, havia algumas especulações e nada mais.

Isso foi nos afastando cada vez mais, porque não conseguíamos nos entender. Aquela situação foi me deixando cansada psicologicamente, eu pensava que não ia vencer aquela luta, afinal, eu só tinha 14 anos. Com o passar do tempo, era tanta coisa que passava em minha cabeça, aquele vazio que eu tanto sentia... eu só queria a minha mãe e só queria saber quem era o meu pai. Por que era tão complicado para as pessoas entenderem isso? Quando eu tinha 6 anos, ela conheceu um homem e eles foram viver juntos, mas ela não me levou para morar com eles. Ela refez a vida, teve outros filhos – meus irmãos (eu sou a única filha mulher que ela tem).

Fui trabalhar na capital com 15 anos e lá eu conheci um programa televisivo que ajudava as pessoas a achar parentes, então eu liguei para a minha tia (irmã) e pedi que ela falasse com minha mãe sobre essa possibilidade que eu tinha de achar o meu pai e que eu precisava de mais informações. Ela ficou preocupada, mas eu não queria saber: eu só queria aquelas informações.

Entrei em contato com o programa com as pouquíssimas informações que eu tinha e eles colocaram o áudio na TV. Apareceu um rapaz dizendo que achava que era o meu irmão. Eu fiquei tão feliz; marcamos de nos encontrar em um lugar seguro. Lá se ia uma adolescente de 15 anos sonhadora, em busca do pai. Naquela semana, então, eu tive que ir para o interior, já que morava em Fortaleza. Ele trouxe uma foto do pai dele, conversamos muito, e disse que ia trazer uma foto dele mais novo. Assim, eu poderia levar para a minha mãe, para ver se ela reconheceria. Só que, infelizmente, ele não retornou e não tive mais contato com ele. O tempo passou e esse muro entre nós duas foi ficando cada vez mais alto.

Nesse período, eu já era convertida e comecei a orar. Pedi a Deus: "Mude essa situação, faça alguma coisa, Deus. Me cure, tire isso de dentro de mim". Era uma luta constante de sentimentos; o que mais me doía era eu não conseguir amá-la. Eu pensava que devia sentir amor por minha mãe, pois foi ela que o Senhor escolheu para me trazer ao mundo. Eu sabia que não estava certo aquele sentimento, minha mãezinha era muito conservadora e, na época, não se podia falar de muitas coisas. Tudo isso eu tive que aprender sozinha. Ela poderia ter me ensinado, só que ela tinha a família dela. Esses traumas são difíceis de superar. Se não tiver ajuda, você entra em um buraco profundo de culpas. Por mais que você não tenha culpa, é inevitável.

Minha mãezinha tinha muito desgosto por causa dessa situação. Eu nunca bati boca com a minha mãe verdadeira, não a afrontava, não perguntava nada para ela. Era o sonho de minha mãezinha que eu e ela nos entendêssemos, só que foi uma vida inteira de distanciamento – nós duas nunca tínhamos nos olhado olho no olho. Isso foi se alargando cada vez mais, eu não sabia quem era aquela mulher, não sabia qual era a sua cor preferida, a sua comida favorita, o que tinha acontecido nos anos em que ela esteve longe. Enfim, não sabia de nada, e, do mesmo jeito, ela não sabia nada sobre mim.

Casei-me com um italiano, meu querido e abençoado esposo. Fui embora para a Itália, onde eu decidi virar a página, deixar o passado no passado e viver a minha vida, construir a minha família. Só que o passado não resolvido, mais cedo ou mais tarde, aparece. E assim foi. O dia em que fui fazer meus documentos italianos foi o dia em que me senti traída por minha mãe; foi quando eu caí e vi o quanto eu estava ferida. Isso aconteceu quando o rapaz começou a me fazer perguntas a respeito da minha mãe, mas piorou quando chegou o momento de falar do meu pai. O negócio ficou estreito, porque quando eu nasci, ela me registrou com o sobrenome do ex-marido dela, uma pessoa que eu não conhecia, sobre quem eu não sabia nada. Então, eu tive que contar a minha história para os policiais federais. Vi que alguns estavam rindo e eu saí dali mal, me senti humilhada, chorei horrores. Lembro que liguei para uma das minhas tias (irmãs) e falei: "Como ela pôde fazer isso comigo?". Disse o quanto ela tinha sido egoísta e que não tinha pensado em mim, no meu futuro e nas consequências de tudo isso. Mas, graças a Deus, deu tudo certo, porque em todo o tempo o Senhor estava no controle da situação, no controle da minha história. Os pensamentos que Ele tinha a meu respeito são pensamentos de paz, e não de mal.

Quando eu ia ao Brasil, tia Fati sempre fazia um almoço para mim e para a minha família; eu achava tão estranho quando ela se referia aos meus filhos como avó. Eu ficava pensando sobre como eu queria me sentir filha dela. No entanto, eu sempre falei para os meus filhos que eu tinha duas mães e que as duas eram as avós deles, só que, dentro de mim, eu achava estranho. Eu estava sempre orando, pedindo ao Senhor para mudar a nossa história.

Meus pais já velhinhos, minha mãezinha com 92 anos, e meu pai com 87. Em 2020, minha mãezinha ficou doente – uma leucemia fulminante – com poucos dias da descoberta da doença, ela faleceu. Eu liguei para saber como estava o meu pai; conversando com a minha prima chegaram todas as minhas tias (irmãs) e a minha mãe biológica. Então, uma das minhas tias falou: "Não fica assim, não, você ainda tem mãe". Aquilo foi tão profundo para mim, eu me senti traída por minha tia, pensei que ela tinha traído a minha mãe. Só fazia três dias que tínhamos enterrado a nossa mãe, como assim? No momento, eu só pensei nisso e respondi: "Mãe não é quem faz, mas quem cria". Ela ouviu e ficou muito mal. Não tiro a razão dela, só que, para mim, era recente demais a perda, para ouvir aquela frase. Seguimos cada uma no seu lugar e, infelizmente, 40 dias depois meu paizinho não suportou a ausência da minha mãe e faleceu. Foi um ano de perdas irreparáveis, a base da nossa família já não estava mais aqui. Suportar esse luto foi outro processo que marcou minha vida, mas me mantive a esperança de que um dia vou revê-los na eternidade. Eu tenho certeza de que se eles estivessem aqui, estariam orgulhosos e felizes por mim. Caro leitor(a), se eu consegui superar tudo isso, você também vai conseguir. Agarre-se em Deus e na Sua palavra.

Os meses foram passando e eu permaneci em oração por minha mãe. Mais uma vez, lá estava eu falando ao Senhor do sonho de me resolver com minha mãe; então, tomei uma decisão e fui falar com ela. Porque, às vezes, nós queremos tanto uma benção, uma virada, uma solução, mas não agimos, esperamos só que Deus opere. Mas e a nossa parte? Como eu falo sempre nas minhas pregações, enquanto você age aqui, o Céu reage lá, isso é fato.

Eu convidei a minha mãe para uma conversa, tinha muitas coisas a serem resolvidas e já estava passando da hora. Então tivemos essa conversa difícil, em que, pela primeira vez, eu olhei nos olhos dela; ali o Senhor me mostrou a alma da minha mãe. Ele falou comigo e disse: "Observe, esse é o modo de ela se defender". Ali caiu a minha ficha, a minha mãe tão guerreira, uma mulher tão trabalhadora, era tão frágil por dentro. A vontade que eu tive era de pegá-la no colo e dizer: "Eu estou aqui para ajudar você". O meu coração ficou tão pequeno; não podemos esquecer: *"Tudo tem seu tempo determinado, e há tempo para todo o propósito debaixo do céu"* (Eclesiastes 3:1).

Chegou o tempo da restauração!

"O Deus de toda a graça, que os chamou para a sua glória eterna em Cristo Jesus, depois de terem sofrido por um tempo, os restaurara, os confirmara, os fortalecera e os porá sobre firmes alicerces" (1 Pedro 5:10).

Então, começou o processo de restauração; para isso, o passado teve que ser visitado. Foi hora de conhecer a verdade a respeito do meu pai. Infelizmente, essa questão veio como um balde de água bem fria sobre mim. Soube que minha mãe tinha sido vítima de violência sexual e ficou gravida. Pense no meu choque! Fique mal, foram dias difíceis, um final de semana terrível. Eu só conseguia pensar em quantas vezes eu a fiz reviver aquele dia. Sentia culpa por tê-la machucado todas as vezes que eu mandava perguntarem sobre o meu pai, por todas as vezes que eu não a entendia. Mais uma vez, fui conversar com quem me conhecia de verdade: o meu Deus, o meu Pai. E foi trancada no meu quarto que o Senhor falou comigo: "O processo não vai invalidar o propósito. Há propósito na dor, há propósito no processo e para viver um propósito é necessário passar pelo processo. Isso não muda os planos que tenho para você e não te define. Você é benção, você é escolhida!".

Portanto, o momento que estamos atravessando não nos define, não rouba a nossa identidade. Eu me levantei e reagi, porque sei quem me formou e me escolheu desde o ventre da minha mãe.

Então, caríssimo(a) leitor(a), se eu consegui enfrentar tudo isso, tenho certeza de que qualquer situação que você esteja vivendo será passada com Deus, porque Nele nós somos mais que vencedores. Em **Cristo Jesus** você vai conseguir suporte, o processo vai valer a pena. O Senhor vai passar com você do mesmo jeito que Ele passou comigo. Tudo coopera para o bem daqueles que amam Deus.

Hoje, eu minha mãe Fatima estamos nos conhecendo, respeitando uma o limite da outra. Fui para o Brasil, passei um mês com ela e foi lindo demais. Ela é divertida, eu ligo para ela e, juntas, damos boas risadas. Assim, vamos cuidando uma da outra, mesmo distantes. Aquele muro já não existe entre nós e eu continuo orando por nós duas. Ela vai vir passar um tempo comigo na Alemanha e eu estou muito feliz e muito grata ao Senhor, porque Ele nos restaurou, nos curou e nos uniu. Vamos avançando e reconstruindo a nossa história.

"Pois, o Senhor dos Exércitos o determinou, e quem poderá invalidá-lo? Se a mão dele está estendida; quem a fará voltar atrás?" (Isaías, 14:27).

Deus restaurou o que para mim era irrestaurável.

Lilia Cleide

Lilian Cardoso

Sou Lilian Cardoso, 30 anos, oitava de dez filhos, nasci no Rio de Janeiro, casada com Bruno, meu resgatador, resposta de minhas orações, e para completar o nosso amor temos nossa princesa Lara, com 6 anos.

Contadora, atuo na área a mais de 12 anos, minha missão é disciplinar os empresários e acompanhá-los na tomada de decisão.

Congrego atualmente na ADMRF – Assembleia de Deus Ministério Restaurando as Famílias, pastores Wagner Oliveira e Luciana Oliveira, faço parte da equipe Restaurando Mulheres.

cardoso.liliann

contabilidadeporamorlilian@gmail.com

PLANEJEI UM CAMINHO, MAS DEUS JÁ TINHA DETERMINADO MEUS PASSOS

por Lilian Cardoso

Durante muito tempo, eu vivi uma vida que achava ser perfeita. Tinha uma família, um relacionamento e um lar não muito estruturado, mas era o melhor que minha mãe podia dar para os seus 10 filhos. Sim, minha mãe teve 10 filhos e isso nunca a impediu de buscar o melhor para todos nós.

Estou contando a você uma história que aconteceu há 12 anos, para falar que minha vida mudou sem ao menos eu entender o porquê. Minha mãe sempre foi o alicerce do nosso lar, o elo de toda a família. Quando ela foi diagnosticada com câncer no pulmão, ficamos sem chão. Minha mãe era uma mulher de fé e sempre pedia a Deus que a curasse.

Toda pessoa que se vê no penhasco e sente medo, se apega a algo e foi o que eu fiz. Comecei a orar todos os dias, pedindo a Deus que não levasse minha mãe, que ela era muito nova para morrer daquela doença. Me apeguei ao que eu sabia que seria meu consolo, mas o tempo foi passando, minha mãe foi piorando, emagrecendo a cada dia. A cada quimioterapia, ela chegava em casa pior do que saiu: fraca, sem fome e com muita falta de ar. Por estar bem debilitada, o médico preferiu interná-la, para cuidar dela no hospital. Foram os meses mais longos da minha vida. Um dia, o médico chamou meu pai e minha tia e lhes explicou que o câncer da minha mãe já tinha se espalhado para o cérebro e que ela só teria 6 meses de vida. Segundo ele, pela medicina, não havia mais nada a ser feito. Então, a levamos para casa, de forma a darmos a ela uma qualidade de vida melhor. Nesse período que ela esteve conosco fizemos de tudo para deixá-la confortável e acolhida.

Em novembro de 2010, minha mãe foi internada às pressas por insuficiência respiratória. Naquela noite, ela pediu que eu levasse um travesseiro para ela. Quando cheguei lá, a vi deitada em uma maca e ficamos conversando. Passei a minha mão em seu rosto: ela estava tão linda, a pele tão macia. Quando fui me despedir, ela me olhou com os olhos cheios de lágrimas e pediu que eu não maltratasse as crianças dela – minhas irmãs menores e meus sobrinhos. Saí dali com os olhos cheios de lágrimas.

No dia 22 de novembro 2010, pela manhã, recebemos a tão temida ligação do hospital, pedindo para ali comparecermos com os documentos dela. Eu sabia, então, que tínhamos perdido para a doença. Eu não conseguia falar, meu coração estava partido, fiquei sem chão e culpava Deus todo o tempo pelo que estava acontecendo com a minha família. Mesmo sem entender, eu O questionava todos os dias. Assim, fui me afastando cada vez mais da presença, não tinha mais forças para orar. Dei todas as minhas bíblias e assumi aquilo que minha mãe pediu; virei mãe não só das crianças menores, mas de todos da minha família. Carregava o fardo de unir toda a família durante o Ano Novo, em aniversários, etc. Sempre fui o alicerce da minha família, mesmo me sentindo incapaz de fazer qualquer coisa, mesmo sentindo a falta da minha mãe. Mas, por ela, eu continuava. Com o tempo, meus irmãos foram arrumando suas famílias, saindo de casa e eu cada vez mais me prendia em um lugar que me fazia infeliz. Porém, me mantive ali, pois tinha que seguir o legado de minha mãe. Muitas vezes, pensei em tirar minha vida – eu só tinha 19 anos e carregava uma responsabilidade enorme que não era minha.

Mais tarde, decidi curtir minha vida e preencher o vazio que tinha dentro de mim. Terminei um relacionamento de 9 anos, comecei a sair e a beber; saía para trabalhar na sexta e só voltava para casa na segunda-feira. Fui morar sozinha em uma casa que aluguei, pois vivia brigando com o meu irmão. Eu já estava no fundo do poço da solidão, tudo o que eu fazia era sem sentido, eu continuava com aquela dor que me sufocava, que me deixava para baixo. Comecei a fazer a faculdade para ocupar minha mente; chegava em casa tarde só para dormir e, no meio desse caos, Deus cuidava de mim, mesmo sem eu merecer.

Eu e Bruno nos conhecemos antes de a minha mãe falecer, mas naquele tempo não teria como a nossa história acontecer. Só depois de um ano sem nos vermos ou nos falarmos ele me mandou uma mensagem no Orkut. Começamos a conversar e ficamos um bom tempo vivendo como amigos. Ele dormia na minha casa, saía comigo de mãos dadas, mas me apresentava para todos como sua amiga. Eu me sentia um lixo e me perguntava se ia conseguir encontrar alguém que me amasse, que me reconhecesse como uma mulher para casar. Um dia, disse a ele que se ele não me pedisse em namoro, teria que sair da minha vida. Assim, no dia 3 de outubro de 2011, ele não me pediu em namoro, mas falou que estávamos namorando.

Depois de um tempo namorando descobri que estava grávida; foi uma festa, junto com um mix de emoções. Contamos para todos, fizemos muitos planos, eu estava em êxtase porque estava formando minha família, deixando os traumas do passado ao lado de um homem bom, de coração puro e família boa. Mas os meus planos não eram os planos de Deus. Quando completamos o nosso terceiro mês, acordei de madrugada com dores fortes na barriga. Fui ao banheiro e percebi que estava perdendo muito sangue, então acordei o Bruno e fomos para o hospital. No caminho, eu comecei a orar, pedia a Deus que eu não perdesse o bebê, porque ele iria preencher o vazio do meu coração.

Fui atendida de imediato, e o médico pediu um ultrassom. Antes de fazer o exame, fui ao banheiro e senti algo sair de mim. Quando eu olhei me deparei com as mãozinhas em formação. Ao fazer o ultrassom, o médico me disse que o coração do bebê já não batia mais. Eu chorei, indaguei mais uma vez porque aquilo estava acontecendo comigo. Me senti sozinha, mesmo com o Bruno me dando a mão, me abraçando e me acalmando – ainda que por dentro ele estivesse devastado. Eu pensava que estava sendo castigada e que não era merecedora, mas eu precisava daquela criança para me preencher. Tive que fazer a curetagem, eu orava triste, falava: "Deus, por que o senhor virou as costas para mim? Eu não lhe pedi nada de mais, só para cuidar desse bebê. Será que eu não sou digna de ter uma criança?"

Retiraram meu "pontinho" e o médico falou que eu não poderia mais engravidar, pois meu corpo tinha criado uma autodefesa para corpos estranhos. Para uma jovem com sonhos de constituir uma família, esse seria o meu fim. A última palavra vem de Deus, mas eu não estava confiante, porque ele havia me abandonado nas duas vezes em que mais precisei dele. Fiquei de resguardo por 90 dias e nesse período, não usava nenhum método contraceptivo. Bruno veio de vez morar na casa de aluguel e decidimos seguir nossas vidas sem pensar em filhos.

Um dia, eu estava fazendo um processo seletivo para trabalhar em uma empresa grande e me pediram alguns exames, inclusive o BHCG. Preferi fazer o BHCG antes, pois estava me sentindo estranha. Fiz esse exame no dia 11 de junho e o resultado sairia no dia seguinte. No Dia dos Namorados, então, saímos para jantar e no meio do encontro fomos olhar o resultado. Para a minha tristeza, eu estava grávida. Bruno estava radiante e não entendia por que eu estava triste. Eu não queria estar grávida naquele momento. Eu queria entrar naquela empresa e, para isso, eu não poderia estar grávida. Eu não queria perder a oportunidade que eu esperava há tanto tempo. Um filho mudaria os meus planos e, portanto, tive que desistir da vaga.

O tempo foi passando e eu me acostumei aos poucos com a ideia de que estava grávida. Decidimos não contar para todos, apenas para a nossa família. Esperamos passar o tempo da formação para darmos a notícia. Descobrimos que seria uma menina: nossa Lara, nosso milagre, nosso bebê arco-íris. Ficamos com muito medo, por causa da gravidez anterior. Tive vários sangramentos no decorrer da gestação, só que dessa vez eu orei pela vida da Lara e a entreguei a Deus. Eu conversava com ela e dizia: "Filha, você é o presente de Deus pra mim". Veio o parto e nossa Lara nasceu, nossa princesa, nossa herdeira. E, com ela, vieram as incertezas: "Será que o Bruno vai continuar comigo? Será que ele vai ser um bom pai?". Ele era um bom filho...

Quando Lara completou 1 ano, compramos nosso apartamento e logo depois nos mudamos. Passamos por divergências de opiniões, eu não conseguia confiar no meu marido. Comecei a me questionar, eu tinha um homem bom, uma filha, mas ainda não me sentia completa, ainda não estava feliz com aquilo tudo. Eu queria realizar meu sonho de me casar. Por diversas vezes, amigos mais chegados brincavam conosco, dizendo para ele casar comigo. Ele falava que já éramos casados e aquilo me deixava triste, porque eu queria me casar. Minha mãe ficou anos com o meu pai, mas não era casada. Ela vivia infeliz, lutou até o seu último suspiro para se casar e eu não queria isso para mim. Eu ficava mal, descontava toda a minha frustração e raiva no Bruno, e não queria mais viver assim.

Por muitas vezes, pensei em desistir da minha família, porque eu achava que eu era o suficiente: trabalhava, conseguia sustentar minha casa. Para ficar com um homem que não queria se casar comigo, eu ficaria sozinha com a minha filha. Por mais que eu tivesse orado e entregado minha filha nas mãos de Deus, eu estava longe de tudo que me levava à presença Dele. Quando achei que tudo estava perdido, que não tinha mais forças para caminhar, que só me restava desistir, comentei com minha amiga sobre o que estava pensando em fazer. Ela então me falou da igreja que ela frequentava e do curso que estava fazendo. Disse que seria muito bom para mim também.

Um dia, ela me chamou e eu fui visitar a igreja. Senti como se estivesse num lugar em que todos me conheciam, me senti em casa, abraçada, acolhida, não queria sair dali. Deus me pegou no colo e me mostrou o local de onde eu nunca deveria ter saído. Fiquei indo lá por um tempo, até que surgiu uma vaga em um curso chamado Mulher Única. Rapidamente, essa minha amiga me escreveu, pois ela sabia o que estava acontecendo dentro da minha casa. Ela sabia que esse curso iria mudar minha maneira de perceber o que estava acontecendo no meu lar.

Comecei o curso e foram os melhores 3 meses da minha vida. Com ele, pude perceber que eu era única e que tudo que acontecia dentro da minha casa estava relacionado ao reflexo das inseguranças e frustrações da minha infância. Ali, eu voltei ao meu primeiro amor. Voltei a abrir os meus olhos e percebi que tudo aquilo pelo que passei era um propósito e que Deus cuidava de mim mesmo sem eu merecer; mesmo sem eu entender, ele me guiava. Quando comecei a depositar minhas forças e todo o meu coração em Deus, passei a colher os frutos do seu amor, carinho e cuidado na minha vida. Percebi que eu não tinha que forçar o Bruno a casar-se comigo: eu tinha que orar pela nossa união, tinha que mudar a minha maneira de agir. Tinha que parar de querer as coisas do meu jeito e deixá-lo ser o homem do nosso lar, ser o pai, o marido que eu sempre pedi a Deus. Comecei a orar sempre entregando nossa vida e nossa família. Assim, aos poucos notei mudanças dentro da minha casa e do nosso relacionamento falido. Começamos a nos amar como namorados, como no primeiro encontro. Ríamos só de olhar um para o outro, voltei a sentir borboletas no estômago quando pensava nele. Ficava sempre na expectativa de ele chegar para saber como tinha sido o seu dia e conversarmos naquele curto tempo antes de dormir.

O tempo passou e não vou dizer que foi fácil, pois minha vontade de me casar ficou ainda mais aguçada. Ele não tomou a iniciativa de me pedir em casamento, então comprei as alianças e coloquei-as dentro do armário. Disse a ele que só aceitaria colocar a aliança se ele me pedisse em casamento. No Dia dos Namorados, ele me pediu em casamento, com direto a um chocolate escrito "Quer casar comigo?" e balões. É claro que eu não pensei duas vezes e disse "sim". Depois de um tempo, demos entrada nos papéis e nos casamos no civil. Não tivemos festa, apenas chamamos nossos amigos mais íntimos para um rodízio; não era o que eu queria, mas era o que podíamos fazer naquele momento.

Fizemos todo o processo ao contrário, mas sabia que minha união com ele vinha dos céus. Antes mesmo de eu imaginar, Deus já tinha preparado tudo: Bruno foi meu resgatador, meu amigo, meu consolo nas noites sombrias. Quando eu pensava em desistir, ele estava ali segurando minha mão e não me deixava ceder. Minha história poderia acabar com um fim trágico: uma menina negra, moradora de favela, com uma família conturbada, órfã de mãe... Mas Deus olhou para mim como a menina dos seus olhos e me resgatou do caos.

Hoje sou uma mulher realizada, tenho uma família linda, um lugar para chamar de meu lar. Sou a única filha que fez faculdade e se formou. Sou também nova convertida, mas isso não me impede de buscar o Reino. Meu esposo ainda não é convertido, mas eu oro por ele todos os dias, incansavelmente. Peço que ele possa ver e reconhecer que não há caminho melhor do que estar na Presença, e eu creio que um dia entraremos naquela igreja toda preta (diferente, mas aconchegante), de mãos dadas e eu direi: "Eu e minha casa serviremos ao Senhor".

Olhando para tudo isso, vejo o amor de Deus e venho compartilhar com você a minha história; não para me vangloriar, mas para mostrar que eu fui restaurada, poderia ter desistido de tudo quando minha mãe morreu, mas preferi me levantar. Caí diversas vezes, mas Deus não desistiu de mim.

Deixo aqui, portanto, meu breve conselho de que fugir pode até parecer uma opção, mas não poderá ser sua primeira escolha. Por mais que você se afaste, sempre há tempo de voltar e sentir o toque do primeiro amor.

"Que o senhor responda ao seu clamor em tempos de sofrimento." (Salmos 20:1)

> Fugir pode parecer uma opção, mas não poderá ser sua primeira escolha.
>
> *Lilian Cardoso*

Pra. Luciana de Oliveira

Graduada em Letras, exerce o Ministério Pastoral há 14 anos, ao lado de seu esposo, o Pastor Wagner de Oliveira, com quem é casada há 31 anos. É mãe de dois filhos, Douglas e Daniel, e avó do Enrico.

Fundadora e líder do Restaurando Mulheres, ministério missionário voltado ao universo feminino, que visa a restauração e o crescimento espiritual de mulheres. Atualmente, lidera uma equipe de trabalho com dezenas de mulheres e diversos eventos realizados até o presente momento.

A pastora Luciana é pregadora da palavra e escritora. Recentemente, foi coautora do livro Somos todas mais que vencedoras. Ela traz mensagens que têm mudado a vida de muitas mulheres por todo o Brasil. Se desejar conhecer um pouco mais do seu trabalho, acesse:

Instagram: @pra.luciana.admrf e @restaurandomulheres

pra.luciana.admrf

restaurandomulheres

PARECIA O FIM, MAS FOI O COMEÇO DE UMA LINDA HISTÓRIA

por Dra. Luciana de Oliveira

Começar do fim não é obra para o homem. Só o próprio Deus, com maestria, governo e soberania, para unificar a diversidade de mulheres em um único propósito, mostrando um caminho novo, talvez já conhecido, mas nunca antes percorrido. Mulheres com suas nuances, mazelas, imperfeições, dores e seus desafios, mas que decidiram olhar para si mesmas e dar um sentido a tudo o que lhes restou. Algumas sozinhas, outras perdidas, excluídas, infelizes, com casamentos destruídos, família em falência, sem amor-próprio, autoestima no ralo...

Quando olhei para esse cenário, sentia as suas dores. Esse é o meu ministério, a minha porção: levantar mulheres! De alguma forma, poderia ser útil. Minha vida de renúncia, de comprometimento, de desafios, de fé, mexia com elas e elas reagiam. Ser experimentada seria o primeiro passo, a experiência é um aprendizado obtido através da prática ou da vivência de coisas – tanto agradáveis quanto desagradáveis – mas cada experiência nos ensina algo. A psicologia diz que a experiência pode significar uma tentativa, uma prova, um sentido mais objetivo de algo que se faz com o que resta de aprendizado, a partir de várias provas, no decorrer da própria vida.

Início de ministério, auxiliava o meu esposo em seu ministério pastoral; na época era missionária, mãe de adolescente e de um bebê de colo. Trabalhava nos bastidores de uma igreja em construção, que começava a dar os seus primeiros passos. Membros chegando, muitas mulheres surgindo para congregar, para fazer parte da comunhão. A maioria delas nunca tinha congregado em uma igreja.

Como esposa de pastor, comecei o trabalho com as mulheres totalmente inexperiente, mas com o coração voltado a fazer de tudo para que elas fossem inseridas – não só na igreja, mas para que encontrassem seus chamados e a fim de que seus ministérios fossem ativados. Assim, suas vidas poderiam ser fortalecidas e o alcance das suas famílias seria inevitável. Começamos, então, os cultos de mulheres (claro que, durante o ano, trabalhando em atividades que, de alguma maneira, edificavam e dignificavam a igreja em construção, não só de corpo, mas também de estrutura – a igreja começando a tomar forma).

A cada ano, o Senhor nos revelava uma mulher bíblica e um tema a ser ministrado. O mais intrigante é que Ele nos revelava qual mulher seria alcançada por meio daquele tema inspirador. Naquele tempo, começamos a viver, a experimentar o sobrenatural, a revelação, a profecia de Deus no meio de nós, as mulheres da ADMRF (Assembleia de Deus Ministério Restaurando as Famílias). Vivemos dias incríveis, mulheres foram acrescentadas, jovens mulheres chegando, o movimento era lindo. Até que ousei, me levantei como mãe, me levantei como Débora! Mulheres quebradas, machucadas, enfraquecidas, mastigadas pela vida, mesmo fazendo parte da igreja. Parece louco, mas é a realidade de muitas hoje, nesse estado! Mesmo fazendo parte da igreja de Cristo, essa situação que não combina, não podemos nos conformar, não é o que Deus idealizou. E Ele falou: "Não é para chorar com elas, quero que você as levante, através do poder da Minha Palavra".

Nasceu o Projeto Débora, mulher inspiradora, forte, de identidade, de palavra, que julgava causas e não perdia batalhas. Era essa a referência que elas receberiam, que precisavam fortalecer os seus lares, se esforçar, serem determinadas. Com Deus elas conseguiriam. Exerceriam a força de dentro delas, a força que a física diz ser uma ação física que altera o estado de repouso ou de movimento – essa seria a missão do Projeto Débora. Elas vestiram a camisa do projeto, dando início ao primeiro trabalho de ação social da nossa igreja. Elas se tornaram mantenedoras de uma creche no Haiti, se apossaram das visitações aos asilos e começaram a louvar em todos os cultos de domingo. A igreja, assim, vibrava com elas; a garra dessas mulheres contagiava a todos, a igreja respondia com alegria e o projeto crescia.

Nessa época, mulheres não paravam de chegar na igreja e eram contagiadas pelo projeto, queriam também o seu espaço. Nasceu, então, o Projeto Ester: o tempo de preparo, a oportunidade chegou. E, assim como Ester, seriam moldadas para um propósito; elas não imaginavam, mas o mundo espiritual se tornaria o seu campo de batalha. Oração, clamor, intercessão e missão. Através da vida da minha nora, a missionária Mirian (diaconisa, nessa época), conhecemos a história de mulheres de Guiné Bissau, "as refugiadas". Mulheres de histórias marcadas, anuladas, de dores e sofrimento. O projeto começaria a exercer um dos ministérios mais dolorosos da igreja: o ministério de intercessão.

Nossas Ester precisavam passar por essa experiência, elas precisavam ser preparadas para reinar nos seus lares, a identificar o governo de um Reino, precisavam aprender a se submeter, a entender o seu posicionamento dentro do Reino que o Senhor constituiu: a família, o seu lar. Vasti não compreendeu, mas Ester exerceu! Com Ester não teve recusa, com Ester teve entrega. As mulheres de Guiné Bissau passaram a ser o alvo das orações e dos propósitos, e as "Filhas de Sara" receberam novas mantenedoras. Os encontros eram encharcados de lágrimas, elas sentiam as dores das refugiadas. Também, sentiam a alegria de cada conquista dessas mulheres e o projeto crescia. A igreja, em sua maioria, é composta por mulheres, Jesus era cercado e cuidado por mulheres, Jesus acreditava no ministério de mulheres, Ele evidenciava os seus valores.

Enquanto os projetos estavam em exercício, outras mulheres os observavam e eram contagiadas, atraídas, e passaram a desejar fazer parte desse movimento. Então, nasceu o Projeto Abigail. Mulheres de coração generoso, extravagantes, alegres, que desejam também ser identificadas, queriam ser chamadas por um nome, queriam trabalhar, queriam ser projetos, condutoras de paz, se tornariam pacificadoras, seriam pontes, assim como Abigail. Orfanatos atraíram os corações das Abigail, e passariam a ser o seu alvo: crianças desamparadas, sem carinho, sem recursos, a cada visita um apego, uma emoção, uma vontade de adoção. Elas levavam tudo o que as crianças precisavam – às vezes, até exageravam. Projetos formados, líderes levantadas, encontros, ministrações, reuniões, resenhas, eventos da igreja: elas participavam de tudo. Cada projeto tinha sua camisa, sua logo, sua cor: o Projeto Débora era azul, o Projeto Ester era roxo e Projeto Abigaìl, vermelho. Chegamos a nos reunir com todos os projetos e trabalhar em prol de casas de recuperação, em que mulheres em situação de rua tiveram suas vidas recuperadas, trazendo de volta a dignidade de uma vida livre das drogas e dos abusos recorrentes em uma vida dissoluta. Tudo parecia que seria para sempre, até que o fim chegou...

O fim nos apresenta a ideia de que algo foi interrompido, mas, na verdade, quando se chega ao final é porque houve fechamento. Uma etapa foi concluída, consumada, encerrada. Assim, não foi o fim dos projetos de mulheres, mas a conclusão de um serviço, o encerramento de um trabalho que nos proporcionou uma base para o que viveríamos a partir de então. Fechei um ciclo: experimentada, preparada para a diversidade de mulheres que o Senhor me confiaria, em um posicionamento à frente, sem retroceder ou duvidar do que Ele iria realizar. De três projetos a um ministério, a obra agora aconteceria sem obrigatoriedade. Elas estariam livres para serem ministradas, dando início ao ministério Restaurando Mulheres.

Ninguém esperava, nem eu mesma – todas foram pegas de surpresa. De três projetos, o que restou não formava um. Algumas não aceitaram, não entenderam o fim, não quiseram permanecer. Agora, não seria uma questão de vestir a camisa, não apareceriam com tanta evidência, seriam encontros de porta fechada, um tratamento. A obra seria maior, o trabalho era interno, mas o alcance seria do lado de fora. Encontros começaram a ser padronizados, uma espécie de terapia espiritual. A terapia traz reflexão, um tratar emocional, comportamental. Reunia mulheres que precisavam de um tempo só para elas, um tempo investido nelas. Cada encontro agrupava um misto de mulheres, sem padrão social ou religioso. Todas reunidas buscavam um mesmo propósito: ajuda!

Às vezes, algo planejado não se dá exatamente como idealizamos, imaginamos. Como pastora, pensava: serão alcançadas em cultos, mas nem sempre serão nos cultos. Nem todas estão entendidas, conscientes de como cultuar, do entregar, do realizar; algumas precisavam do tratar, do receber, do ensinar, do rever: uma obra que se encaixava na grande obra.

A cada encontro, um tema inspirador, uma mensagem que tinha endereço certo: o coração de algumas mulheres, a vida de algumas mulheres. Elas ficavam extasiadas, maravilhadas. Todos os meses, o encontro crescia, alcançando mais e mais mulheres; falávamos de força, paz, colheita, escolha, decisão, passado, presente, realização, fraqueza, submissão, liberdade, pecado, graça... O Restaurando Mulheres tomava forma, não era um grupo de mulheres: era uma rede de mulheres. O termo rede é usado para definir uma estrutura, o Restaurando Mulheres estava se tornando uma grande construção e toda a estrutura tem por finalidade produzir resultados. As promessas de Deus começaram a ser liberadas a favor do ministério, Ele começou a falar o que faria, aonde iríamos, o que realizaríamos, eram muitos planos.

Fiquei como quem sonha, não fazia ideia de que algo poderoso estava reservado para o Restaurando Mulheres, Deus não me entregou um nome, Deus me entregou uma mensagem. O mapa, o globo, as nações seriam marcadas pelo ministério; Deus marcou terras, deu nome aos lugares. A minha vida iria marcar mulheres, a Europa seria marcada: França, Bélgica, Alemanha, Holanda, Suíça. Eu acreditei, eu recebi, eu permaneci! Dizer que o início foi fácil seria mentir. Comecei com abandono, sem estrutura, mas comecei. O ministério não era uma questão de fidelidade das mulheres que passavam por ele, muito menos o quantitativo que se reunia em cada encontro, mas sim da minha fé, do meu acreditar, do perseverar, do não desistir, do meu continuar. Ainda que ninguém acreditasse, eu precisava acreditar, confiar, Ele iria realizar.

O primeiro ano foi de muitos desafios: continuar em meio a intempéries, situações difíceis, pensei que não conseguiria. Mas Ele começou comigo e continua até hoje, onde essas linhas estão sendo escritas. Quando Ele está, suportamos. Completamos um ano com celebração: a casa ficou cheia, foi uma noite de revelações, parecia um sonho. Constatei que o ministério também era evangelístico, viramos o ano cheias de expectativas do que viveríamos no ano seguinte.

A pandemia, no entanto, nos pegou de surpresa, fechou nossas portas, os encontros foram impedidos. Como seria? Como daríamos continuidade à nossa realização? O Senhor não está limitado a quatro paredes, a rede de mulheres teria, então, um novo ambiente: as redes sociais, alcançando uma projeção ainda maior, uma expansão, que tempo incrível! No momento de caos, Deus realizando seus propósitos, as nações se cruzando, os estados interligados, conexões do Céu. Deus trazendo para fora o que estava dentro, o que era restrito se tornava público. Comecei a ser conhecida por "Restaurando Mulheres". Em algumas ocasiões, ministrei cerca de 4 vezes por dia. Mulheres sendo alcançadas, levantadas pelo poder da Palavra, assim como Deus falou que deveria ser; eu não sabia, mas tudo fazia parte do propósito Dele.

No ano de 2020, Ele me mostrou: "Sou Eu que faço. Você faz parte, mas Sou Eu que dou o acesso, Eu que faço a conexão, é a Minha graça que recai sobre você. O agir e o efetuar estão em Minhas mãos". Abri o Instagram do ministério e comecei a usá-lo, ativando as *lives* com os temas que Ele já havia me entregado. Cada tema impactante foi sendo revelado ao público, e começaram os seguidores a chegar, uma sincronia, mulheres se identificando com a proposta do ministério, cada tema um detalhe, uma história, um desvendar. Tais temas nasceram de um rascunhar: um caderno e uma caneta na mão, trazendo a mensagem do Céu nas escritas da Terra:

- Eu, Débora, fortalecendo o meu lar!
- Eu, Abigail, trazendo paz ao meu lar!
- Eu, Ester, reinando no meu lar!
- Tamar, a sua história ainda não terminou!
- Raabe, a sua liberdade está à porta!
- Batseba, o que você gerou é de Deus!
- Rute, decisões certas, colheita abundante!
- Sara, você não foi esquecida!
- Rebeca, o encontro está marcado!
- Raquel, o que é seu tem dia e hora marcada!

- Penina, você gera e nem percebe!
- Joquebede, quem entrega realiza!
- Miriã, cuide para que a sua força não se torne a sua fraqueza!
- A pecadora da casa de Simão – quando atitudes falam mais do que palavras!
- A filha de Herodias, não há celebração na desgraça alheia!
- Isabel, a espera vale a pena!
- Eva, traição e violação trazem danos irreversíveis!
- Viúva de Sarepta, o que importa não é o que você tem, mas o que você faz com o que você tem!
- Febe, há nobreza no servir!
- Rode, quem ora tem resposta!
- Lídia, ambiente de oração traz salvação!
- Ana, o que você entrega fora, Deus lhe devolve dentro!
- Mical, pensamentos são caminhos do comportamento!
- A mulher samaritana, o cântaro fica, mas eu vou!

Esses temas fazem parte da coletânea que me foi confiada por Deus. Nem todos os encontros eu ministrei, alguns foram ministrados pelas convidadas das *lives*, mas preciso ressaltar que todas elas tinham as suas vidas associadas a cada um dos temas. Não era coincidência, era o testemunho de que o Céu tem conhecimento dos acontecimentos da Terra.

Missão dada, missão cumprida: o tempo de as portas serem abertas chegou e, com ele, um ministério começou a tomar forma burocrática, administrativa. Nos tornamos pessoa jurídica, com equipe montada. Na verdade, a cada momento mais uma chega, fortalecendo a missão. Mulheres não só foram alcançadas: elas estão sendo restauradas e hoje inicia a literatura do *Mulheres restaurando mulheres*. O fim revela a ideia de algo que foi interrompido, mas, na verdade, findar é concluir, é consumar algo que um dia começou. Restaurando Mulheres não foi o fim, mas o início de tudo o que ainda virá.

"Melhor é o fim das coisas do que o princípio delas" (Eclesiastes, 7:8).

O fim revela a ideia de algo que foi interrompido, mas, na verdade, findar é concluir, é consumar algo que um dia começou. Restaurando Mulheres não foi o fim, mas o início de tudo o que ainda virá.

Pra. Luciana de Oliveira

Luciana Ruiz

Nasceu na cidade de Itu; cresceu e foi criada em uma família pastoral, sendo a primogênita de três filhas.

Casou-se aos 20 anos com Rogério Ruiz, e é mãe de duas lindas jovens: Emanuelle e Isabelle. Formou-se em Pedagogia (licenciatura) pela Faculdade Entre Rios, e em *coaching* no Instituto Envolver. É, também, bacharel em Teologia.

Está há 20 anos exercendo o ministério pastoral ao lado do seu esposo, na IPRB. Há três anos, o casal assumiu a liderança da Primeira Igreja Presbiteriana Renovada de Campo Mourão, no Paraná, que para a glória de Deus, uma obra extraordinária tem sido realizada.

pra_lucianaruiz

pra_l@hotmail.com

(44) 98808-7063

UMA MULHER RECONSTRUÍDA

por Luciana Ruiz

Às vezes, não fazemos ideia da grandeza daquilo que o nosso Deus já preparou para nós. Ouvimos falar a respeito de quem Ele é e do Seu poder, mas não conseguimos mensurar o que Ele realmente pode fazer. Isso porque estamos mergulhadas em um contexto que nos distancia completamente dessa visão, que nos rouba todos os sonhos. Uma realidade capaz de nos paralisar; ficamos como em uma prisão, sem poder sair e desfrutar da liberdade.

Essa pode não ser a sua realidade, pode ser até que você não esteja vivendo um contexto como esse, mas, em algum momento da sua vida, da sua caminhada, você já pode ter se sentido incapaz de realizar algo, assim como, muitas vezes, eu senti que não poderia.

Eu nasci e cresci em um lar cristão e, acima de tudo, em uma família pastoral; poderíamos concluir que esse tenha sido um ambiente extremamente favorável. Mas, ao contrário do que vivemos hoje, crescer em uma família pastoral nos anos 1980 e 1990 não foi nada fácil. A igreja vivia uma mentalidade fechada, muitas coisas eram proibidas devido à religião. Além disso, nossa identidade também era roubada. Você já não era chamada pelo seu nome, mas pelo rótulo que colocavam sobre você (a filha do pastor ou como chamavam minha mãe, "a esposa do pastor" – uma mulher sem nome). Todos eram chamados pelos seus nomes, mas as filhas do pastor não tinham nome. Parece algo banal, mas não foi, pelo menos não para mim.

Viver nesse ambiente tornou-se um fardo pesado demais para carregar, principalmente para mim, uma jovem adolescente e a primogênita de três filhas. Com o passar do tempo, havia percebido que algo tinha mudado dentro de mim devido às situações que foram sendo geradas ao longo do caminho – situações que fortaleceram pensamentos e sentimentos que, aos poucos, foram me dominando. Sem perceber o quanto haviam crescido, me vi emocionalmente destruída. Já não sabia mais quem eu realmente era. Aquela moça que aos 13 anos de idade havia vivido uma experiência com Deus, que tinha sido batizada com o Espírito Santo, e, em seguida, foi batizada nas águas, agora estava perdida em suas emoções. Nunca havia imaginado que alguém que servia ao Senhor, que vivia na igreja, pudesse passar por aquilo que eu estava passando; uma ruptura tão grande emocionalmente.

Mas ali estava eu, nascida e crescida em um lar cristão, filha de pastor, vivendo algo que eu não havia planejado, sem ter a mínima ideia do que viria pela frente. Lembro que em uma quinta-feira, em 1996, ao término do culto, uma fila enorme de pessoas havia se formado para receber oração. A irmã que tinha ministrado a palavra naquela noite havia se proposto a orar por todos que assim desejassem. Então, como os demais naquela noite, eu também entrei na fila para receber uma oração. Ao me aproximar para receber a oração, Deus começou a falar comigo através da boca daquela irmã. De todas as palavras que dizia, uma delas gerou uma grande revolta dentro de mim, pois ela falou: "Deus me mostra que você irá se casar com um pastor". Como assim, me casar com pastor? Impossível! Estar à frente de uma igreja? Não! Eu não estava nem um pouco interessada em carregar aquele fardo; para mim, infelizmente, naquele momento, era assim que eu via o ministério: um fardo, algo impossível de ser carregado.

Ali eu estava, então, em um conflito existencial. Como alguém como eu poderia casar-se com um pastor e estar à frente de um ministério? Esses eram os pensamentos que pairavam sobre a minha mente. Mas os anos se passaram, e eu estava dizendo como Jó: o que eu mais temia me sobreveio. A palavra daquela irmã de tantos anos atrás havia se cumprido. Estava eu me casando, em 16 de dezembro de 2000, com um recém-formado pastor, rumo a uma nova jornada de muitos desafios; o desafio da vida a dois, de viver a quilômetros de distância da parentela, de pastorear um rebanho, de administrar um aborto sofrido, de administrar gestações próximas uma da outra, de uma vida financeira instável, e o maior de todos os desafios: o de administrar as emoções que ainda se encontravam destruídas.

A vida havia mudado, o tempo havia passado, mas o meu interior continuava desajustado. Algo ainda não havia sido resolvido, feridas do passado não haviam sido cicatrizadas, a identidade que havia sido roubada não fora resgatada. Com isso, os problemas emocionais aumentavam a cada dia. Eu estava casada, havia me tornado mãe, estava à frente de uma igreja com meu esposo, trabalhava, corria de um lado para outro; sempre me colocando à disposição para ajudar quem precisasse. Sentia-me feliz em ter conquistado algo que eu nunca havia imaginado ser possível. Pelo menos, não para mim. Mas quanto mais o tempo passava, maior era a sensação de que algo estava faltando.

Foi então que percebi a maneira como me envolvia com as tarefas, tanto em casa quanto na igreja: elas estavam apenas camuflando os problemas emocionais que, de alguma maneira, continuavam me dominando. Às vezes, devido a problemas que eram gerados, percebia que as minhas ações e reações já não eram de alguém que realmente se relacionava com Deus. Percebia que, por mais que eu buscasse Deus, por mais tempo que eu passasse em meu quarto, não agia de uma forma sábia como eu gostaria. Por que falo isso? Porque comecei a perceber que quando situações inesperadas vinham, logo os pensamentos que pairavam em minha mente eram os de que eu estava vivendo tudo aquilo porque não possuía habilidades suficientes para administrar tais circunstâncias, e, por isso, passava por elas. Eu não possuía maturidade suficiente para compreender que, independentemente do que somos em Deus ou fazemos para Deus, jamais seremos impedidas de viver o dia mau.

Porém, a verdade era uma só: aquela que se preocupava tanto em ajudar o próximo era a pessoa que mais precisava de ajuda. Não adiantaria continuar vivendo daquela maneira, fingindo que estava tudo bem. Mas, infelizmente, eu ainda não havia sido capaz de reconhecer isso. Não poderia admitir que uma pessoa à frente do ministério, que ministrava o louvor, que auxiliava em tudo o que fosse necessário, que sempre tinha uma palavra de encorajamento para a vida de alguém, pudesse estar vivendo tudo aquilo.

Um certo dia, percebi que o estado emocional em que eu me encontrava já não afetava apenas a mim, mas, principalmente, aqueles que eu mais amava. E quero dizer algo a você: nós só oferecemos aquilo que temos; não possuímos condições de cuidar de alguém ou sarar feridas enquanto nós não formos saradas, enquanto não formos curadas. O tempo vai continuar passando, mas se não abrirmos o nosso coração e não deixarmos Deus fazer o que precisa ser feito em nós, não desfrutaremos da plenitude de Sua presença. Quando somos curadas, estamos preparadas para curar. Derramamos sobre as pessoas o que estamos transbordando; se estivermos feridas, infelizmente vamos ferir, mas se estivermos curadas, seremos instrumento de cura para aquelas que precisam.

Nesse momento, resolvi parar tudo. Devemos admitir o quanto precisamos da presença do nosso Deus, precisamos reconhecer que é somente por meio de Sua presença que receberemos a capacidade de nos levantar e sermos completamente livres de tudo aquilo que nos aprisiona, livres daquilo que nos impede de sermos curadas. Mas, para isso acontecer, vamos precisar suspender tudo o que estamos fazendo e pedir a Sua ajuda. Ao ler a palavra de Deus, encontramos exemplos de mulheres e de homens que passaram por momentos difíceis, mas que não deixaram de recorrer ao Deus que tudo vê, que sempre será capaz de fazer infinitamente mais do que pedimos ou pensamos.

Isso me faz lembrar a história de duas mulheres: a primeira, uma viúva que se viu sem saída para resolver o problema que estava enfrentando. Ao se deparar com uma situação que, a seus olhos, não poderia solucionar, ela foi à procura do profeta Eliseu e expôs a ele o tamanho da sua aflição e pediu que ele a ajudasse (2 Reis 4:1-7). A segunda, Ana, uma mulher estéril, uma mulher que tinha um sonho de gerar filhos, um sonho completamente distante de sua realidade. Porém, a Bíblia diz que Ana se derramou diante de Deus e, com amargura de alma, colocou diante de Dele suas dores mais profundas e fez um voto a Deus. A Palavra nos diz: "E no tempo determinado Ana gerou um filho (Samuel)". Um sonho que ela não poderia realizar sem a intervenção de Deus. (1Samuel 1:20-21). Foi então que decidi entrar em meu quarto de modo totalmente diferente de todos os outros dias.

Era uma tarde, por volta das 16h, fui disposta a me derramar diante de Deus como nunca antes, dizia a Ele que já não suportava mais viver daquela maneira. Não suportava mais ser um fantoche nas mãos das pessoas, pois era exatamente nisso que eu havia me transformado. As pessoas faziam comigo o que bem entendiam. Quando a nossa identidade é roubada, já não somos aquilo que deveríamos ser, não somos aquilo que o nosso Deus nos chamou para ser. Com a nossa identidade roubada, nos vestimos com uma roupagem que, na verdade, não nos pertence. Acreditamos que ao nos comportar ou nos submeter seremos aceitas, e que, de alguma maneira, as pessoas irão nos admirar por isso.

Eu acreditava que poderia aceitar aquilo sem que algum dano pudesse ser causado, mas tudo o que eu havia feito foi dar ao inimigo a oportunidade de me destruir ainda mais. Naquela tarde, enquanto eu me derramava aos pés do Senhor, dizia a Ele como estava meu coração e quão grande era a dor que eu sentia – a dor de ter chegado a acreditar que todas as pessoas haviam sido escolhidas por Deus, menos eu. E enquanto fazia a ele algumas perguntas, como: "Será que o Senhor não me ama?", enquanto dizia a Ele como me sentia inútil, enquanto expunha o que estava em meu coração, o meu quarto foi tomado por Sua presença. Não conseguia me conter, não podia acreditar no que estava acontecendo e nem suportava o peso da sua glória. "Ele veio" eu dizia para mim mesma. "Ele veio."

Naquela tarde, no meu quarto, ali no lugar secreto, ele me visitou profundamente. Naquele dia, Ele realizou em mim algo que eu nunca havia imaginado ser possível. Naquela tarde, Ele me lavou, sarou as minhas feridas, me curou e resgatou a minha identidade. Naquela tarde, ali dentro do meu quarto, só eu e Ele, pude sentir um amor que eu nunca havia sentido. Ouvi meu Pai dizendo para mim: "Eu te escolhi desde o ventre de sua mãe, você é minha filha, nunca mais permita que alguém lhe diga o contrário". Naquele momento, enquanto estava sendo curada, ao fundo tocava aquele louvor "Ele me ama, não tenho tempo a perder com ressentimentos quando penso, que Ele me ama, Ele me ama, Ele me ama...". Aquela tarde nunca mais será esquecida, pois foi o momento do meu renascimento. Foi em meu quarto que Ele realizou em mim a obra que ninguém seria capaz de realizar. Foi ali que eu vivi as experiências mais profundas com o meu *Abba*. Foi ali, naquele lugar, onde só estávamos eu e Ele. Foi ali que Ele fez aquela menina que um dia teve sua identidade roubada ver quem realmente era: filha, e a quem ela pertencia.

Acredite, você não precisa de grandes conferências ou de cultos especiais para viver as mais importantes experiências de sua vida. Você só precisa entrar em seu quarto, como diz em Mateus 6:6: *"Quando você orar, vá para o seu quarto, feche a porta e ore a seu Pai, que está em secreto. Então seu Pai, que vê em secreto, o recompensará"*. **As dores que sentimos hoje servirão de cura para muitas mulheres amanhã.** Hoje você pode não compreender nada do que está vivendo e nem o porquê está vivendo isso, mas quero lhe dizer algo: não se preocupe em entender, somente se renda e se submeta a tudo o que o Pai estiver permitindo acontecer em sua vida. Lembre-se: em tudo Deus tem um propósito. Sentimos tanto quando somos levadas a viver o que não desejamos, a passar por algo que não planejamos, mas autoridade não se conquista da noite para o dia, autoridade você conquista ao passar pelo processo.

Isso nos faz lembrar do nosso Jesus, antes de iniciar seu ministério terreno (Mateus 3:16-17, 4:1). Ao ler essa passagem, poderíamos dizer que se trata de uma loucura. Jesus é batizado, ouve o Pai dizendo que Ele é Seu filho amado que muito lhe agrada, e em seguida o Espírito o conduz ao deserto. É como muitas vezes nós dizemos ao passarmos por situações que não compreendemos: isso é loucura. Mas a verdade é uma só: o amor do Pai por nós é algo inexplicável. Ele nos ama tanto que sabe a capacidade que temos, então nos permite viver, muitas vezes, aquilo que não esperamos. Porém, tudo isso está servindo com o objetivo de nos moldar, para nos tornarmos capazes e para sermos aquilo que Ele escolheu que sejamos.

Como eu disse, essa pode não ser a sua realidade, seu contexto. Mas o desejo do meu coração é que você compreenda; não importa o tamanho da dor, da frustração, da decepção ou qualquer outra coisa pela qual você esteja passando; só se disponha a parar tudo por um momento a fim de poder estar em seu quarto, e ali, com a porta fechada, esvaziar-se de tudo, completamente tudo – tudo o que um dia foi capaz de paralisá-la. E então, você viverá algo extraordinário, algo que ninguém jamais será capaz de lhe proporcionar. A quantidade de escombros, às vezes, pode assustar e até dificultar o trabalho a ser feito, mas, para o nosso Deus, quanto maior forem os escombros, maior será o milagre.

Eu não tinha ideia do que poderia fazer até decidir abrir meu coração e permitir que Ele removesse todo aquele entulho emocional dentro de mim. Tornei-me, agora, uma mulher reconstruída, uma mulher com uma identidade em **Deus.** Deixe-me dizer algo a você: não faça do lugar secreto seu lugar de passagem; faça do lugar secreto um lugar de habitação. Uma mulher reconstruída é uma mulher livre. Quando sabemos quem somos em Deus, o que as pessoas dizem sobre nós já não importa mais. Quando sabemos quem somos em Deus, nada pode nos paralisar. Eu fui reconstruída, e você também pode ser.

Dores! Não há como evitá-las, mas em Deus podemos suportá-las.

Luciana Ruiz

Luciane Laprovita

Luciane Laprovita Ferraz, filha amada de Deus, esposa de Nilton Ferraz, mãe de Caio, Daniel e Benjamyn e avó da Laura.

Natural de Paty do Alferes/RJ. Filha de Jorge e Tereza irmã de Alessandra, Luiz e Érica.

Formada em Pedagogia, sou empreendedora e diaconisa há 12 anos.

Descobri na pandemia, na caverna do Covid-19, que minha chamada é aconselhar e restaurar mulheres. Quando achei que estava fraca e acuada no meio do isolamento, o Senhor enviou meninas e mulheres de outros países e de toda parte do Brasil e quando menos percebi, elas estavam chorando e sendo restauradas de uma forma natural.

Determinação, superação e empatia me definem!

Instagram: lucianelaprovita

LinkedIn: Luciane Laprovita

MENINA CURADA, MULHER RESTAURADA!

por Luciane Laprovita

Acredito que somos o resultado do que recebemos na infância. Meu processo de formação iniciou em 1979, meus pais tinham pouco mais de 2 anos de casados e minha mãe estava amamentando a primogênita da família, que tinha 1 ano. Um fluxo menstrual que não cessava a levou ao consultório médico, ela pensava estar doente, porém, ao examiná-la, o doutor constatou uma gravidez e que estava quase abortando o bebê. Meu pai era pedreiro (o melhor) e minha mãe, do lar. Não estava nos planos deles mais um filho naquele momento, porém, gerou-se a expectativa de vir o menino desejado por minha mãe.

Dia 26 de março de 1980, começou o trabalho de parto em Paty do Alferes/RJ, no sítio em que morava minha avó Enedina, que era a parteira da cidade. Foram horas de angústia, minha mãe estava com anemia e isso dificultou na hora do parto; Deus enviou uma intercessora, tia da minha mãe, que ficou no quarto orando por mim e por ela, enfim nasci! Uma menina, que chamaram de Luciane (luminosa e graciosa). Hoje tenho convicção que Deus sempre esteve presente e cuidando da minha vida desde o ventre, como descreve Jeremias 1.5:

"Antes de formá-lo no ventre eu o escolhi;
antes de você nascer, eu o separei e o designei profeta às nações".

Além do alimento, precisamos ser nutridos com amor, calor do afeto, do colo, do abraço, palavras de encorajamento, ensinamento, disciplina, para crescermos fortes e saudáveis, do contrário cresceremos desnutridos. Vivenciei momentos nos quais eu questionava o motivo do meu nascimento e pensava qual seria o propósito da minha vida. Ao longo dos anos, passei por muitas crises existenciais por conta dos pensamentos constantes. Acumulei lembranças, desde menina, que me marcaram de forma negativa.

Comecei a trabalhar aos 14 anos em uma padaria do bairro. Minha família veio do interior, não havia muito diálogo, não se falava sobre sexo em casa, era cultural. Aos 16 anos, comecei a namorar, engravidei aos 17 anos e nasceu Caio Filho, desejado e amado, escolhi seu nome que significa alegre e feliz; em meio ao caos, ele chegou trazendo alegria e esperança. O relacionamento precoce e imaturo terminou quase 3 anos depois, causando vergonha, feridas profundas e julgamentos. Estava frustrada, retornei para casa dos meus pais, precisava prosseguir, cuidar do meu filho, retornar aos estudos abandonados na gravidez e voltar a trabalhar. Recomeçar.

Em 2002, minha avó Enedina faleceu, foi devastador, ela era meu alicerce, abrigo, colo e afeto. Não sabia lidar com aquela perda, com as feridas causadas pela rejeição, abandono, abusos, culpas, escolhas erradas, falta de perdão, dores que muitos desconheciam, coisas que não havia exposto.

O RESSIGNIFICAR

Em 2004, recebi um convite para ir ao culto em uma igreja evangélica e antes de ir eu disse: *Deus, se tu existes mesmo, tira essa dor do meu coração*. Eu não sabia que aquele dia estava marcado por Ele para mudar minha história. Jesus me tocou, recebi um abraço que nunca tinha recebido, Ele me colocou no colo e disse: "Estou aqui, entendo a sua dor, não te condeno, não te rejeito, te perdoo, enxugo as tuas lagrimas, você não esta sozinha." Eu nunca havia me sentido tão amada e confortada, fui a primeira na família a entregar minha vida para Cristo, o Eterno se revelou a mim e a partir daquele dia eu nunca mais caminhei sozinha.

Encontrei o Nilton no culto um mês depois, já o conhecia, mas não o via há muito tempo, não sabia que estava diante do meu resgatador, daquele que Deus usaria para dar início ao processo de restauração da minha vida. Ele era o oposto de mim, comunicativo, extrovertido, foi atencioso e gentil e me levou em casa após o culto. Eu faria uma cirurgia odontológica no outro dia e ele pediu para me visitar, eu permiti, ele foi, embora não conseguiu me ver, pois, estava com muita dor. Não consegui dormir pensando nele, eu não queria criar ilusões, afinal era só uma visita, mas algo diferente pulsava em mim. Para minha surpresa, ele retornou 2 dias depois e foi recebido por minha família na sala de casa, onde comeram pizza, parecia que ele já fazia parte. Ao ir embora, um pedido: "Quer namorar comigo?" Com o coração acelerado e cheio de alegria, eu disse sim! Pouco tempo depois, ele pediu ao meu pai minha mão em casamento, em 3 meses noivamos e casamos e nos tornamos três. Deus estava mudando a minha história.

Comecei muito cedo a me envolver em trabalhos na igreja, a desenvolver o chamado ministerial. Em 2005, nasceu Daniel (significa: o Senhor é o meu juiz). Filho desejado e amado, aquele me justifica estava mudando o curso da minha vida, me acrescentou o Senhor mais um filho.

Em 2016, nasceu Benjamyn, filho desejado e amado (filho da felicidade). Deus desejava que eu vivesse a vida abundante que Ele preparou, mas era preciso me permitir ter um relacionamento mais íntimo com Ele, deixá-lo acessar áreas que ninguém tinha acesso.

CURE A MENINA E A MULHER SERÁ RESTAURADA

A mulher adoecida era resultado da menina ferida nas suas raízes, com acúmulo de dores do passado e precisava de um processo de restauração e cura que deveria começar no meu interior.

Somos formados por corpo, alma e espírito; me dediquei em cuidar do espírito, porém, pregava a palavra de Deus e via a restauração acontecer na vida das pessoas, mas continuava doente, me sentia vazia, a religiosidade e as crenças limitantes não permitiam expor o que eu sentia. Não reconheci que precisava parar para curar a menina, resolver as crises, não pedi ajuda nem gritei por socorro, queria ser notada, porém me isolava; queria ser ouvida sem dar uma palavra, não acreditava que alguém se importaria, quando a boca cala, o corpo fala.

Precisa haver harmonia entre os três para vivermos na plenitude de Deus. Aprendi a reconhecer: o que sentia, a depender de Deus e que Ele só entra aonde permitimos. Limitei a Deus, assim como limitava as pessoas que tentavam se aproximar de forma mais íntima. O resultado disso foi que me vi sufocada pelos sentimentos que eu nutria desde menina, me isolei, desenvolvi sintomas de ansiedade e depressão, adoeci.

Em uma consulta do Benjamyn com a pediatra, ela me sugeriu ir ao psicólogo porque era visível o que estava acontecendo comigo, o esgotamento emocional, a necessidade de ajuda profissional. Algumas vezes, liguei e agendei consulta com alguns psicólogos mas não fui, sempre desistia, achava que daria conta. Porém, eu havia chegado a um estado crítico, precisava me levantar e caminhar em direção ao auto-cuidado, decidi agendar a consulta, vivenciei uma luta interna para conseguir chegar ao consultório da psicóloga, pois tinha medo de ser julgada pelo que sentia, muitas vezes fui julgada, em diversas situações que eu esperava ser acolhida.

Fui na companhia de Jesus! Foi a escolha mais assertiva ter me levantado naquele dia e rompido as barreiras internas que me paralisavam. Na terapia, recebi o acolhimento que esperei por muitas vezes, decidi assumir a autorresponsabilidade para me tornar protagonista da minha história.

Digo a você que está enfrentando os processos difíceis da depressão e da ansiedade que, por mais difícil que pareça, é possível se levantar, e te encorajo a buscar ajuda profissional, ajuda espiritual, Deus te criou com propósito, você tem muito valor para Ele.

Embora desde 2016 houvesse compreendido, só em 2019 permiti que Jesus acessasse as áreas mais obscuras da minha vida (Ele é educado, só entra se abrirmos a porta) e mexesse nas feridas, a fim de cicatrizá-las. Ele derramou bálsamo de cura através da minha busca nas Sagradas Escrituras, das ministrações que recebia nos cultos, da terapia, do amor e cuidado da minha família, das amigas de oração que Ele enviou no meio desse processo, dos convites para ir a cultos de mulheres, conferências, congressos - que, aliás amo - em lugares que não era conhecida e sentia liberdade para chorar aos pés de Jesus sem a preocupação de ser julgada. Ia sendo renovada, alimentada e nutrida pelo próprio Deus.

DESPERTAR!

Hoje compreendo que vivenciei algumas crises de ansiedade devido ao sintomas, principalmente falta de ar, da voz e sensação de morte; e assim aconteceu em uma manhã de agosto de 2019, inexplicavelmente fui surpreendida com um alarme as 09h30, o que normalmente acontecia as 23h, pensei: Deus quer falar comigo. abri a Bíblia e estava escrito:

"Restaurarei sua saúde e curarei suas feridas, diz o SENHOR. Pois a chamam de rejeitada, 'Sião, cidade com que ninguém se importa'." Jr. 30.17

A palavra de Deus trouxe luz em meio à escuridão, minha voz voltou, fui encorajada pelo Senhor. Estava determinada a vencer a procrastinação, segui cuidando das minhas emoções na terapia, confeccionando laços, frequentando os cultos e me alimentando da palavra de Deus cuidando do espiritual. Fazendo um devocional, fui despertada:

E a palavra do Senhor veio a mim: "O que você vê, Jeremias?" Vejo o ramo de uma ***amendoeira****, respondi. O Senhor me disse: "Você viu bem, pois estou vigiando para que a minha palavra se cumpra". Jr 1:11,12.*

Então, fui estudar sobre a amendoeira, que no hebraico é "*sha·qédh*", que significa literalmente: "aquele que desperta". Durante o inverno rigoroso de Israel, todas as folhas da amendoeira secam e caem. Ela parece sem vida. Parece estar esquecida, parece inútil. Antes que o inverno acabe, enquanto as demais árvores estão secas e sem frutos, a amendoeira floresce. Porque ela é a primeira árvore que brota antes mesmo da primavera começar!

O Eterno me disse: "Eu te farei despertar e florescer ainda no inverno, não a estação climática mais fria do ano, mas o inverno das dores, da rejeição, das adversidades, dos complexos de inferioridade, das pressões produzidas pelas crises, pelos problemas e tribulações que enfrentamos".

É preciso fazer um estudo do terreno antes de plantar a amendoeira, pois ela não deve ser plantada em terreno que retenha muita água, para não adoecer as suas raízes. O Pai estava curando as minhas raízes, o processo foi doloroso, mas logo a ferida virou cicatriz e não causou mais dor.

GRATIDÃO

Iniciei um projeto que nasceu com a chegada da minha neta Laura, onde comecei a confeccionar laços. Eu passava horas fazendo laços e ouvindo louvores e pregações que geravam alegria e alívio, me sentia produtiva, fui encorajada a criar uma página no Instagram para registrar os modelos de laços que fazia, e comecei, inclusive, a vendê-los. Era o início de um novo ser.

Em março de 2020, uma amiga preciosa que Deus me enviou em poucos meses, me fez um pedido para confeccionar tiaras e *corsage* de flores de girassol para as mulheres usarem no congresso da igreja dela. Foi um desafio, eu não me sentia capaz, me deparei com a cobrança interna, medo de decepcionar, porém, aceitei.

Dia 13 de março, entreguei as encomendas e cultuei a Deus com elas, não estava num bom dia, o desânimo tentava me paralisar, mas fui desanimada mesmo. Minha oração naquele dia foi diferente, eu disse a Deus que desejava ser curada para minha vida ser cura para outras mulheres! Era chegado o tempo, o poder de Deus se aperfeiçoava nas minhas fraquezas, as raízes da menina estavam curadas, a mulher sendo restaurada. Toquei em Jesus, fui envolvida pelo Espírito Santo, o poder do Altíssimo me envolveu, a cura virou realidade! Meu olhar ao chegar no culto estava triste, mas ao sair, estava brilhando! O Eterno restaurou a alegria, pôs um novo cântico nos meus lábios, me fez reviver.

Até mesmo uma árvore tem mais esperança, pois, se for cortada, voltará a brotar e dar novos ramos. Ainda que as raízes tenham envelhecido na terra e o tronco esteja podre, com o cheiro da água, voltará a brotar e dar ramos, como uma planta nova. (Jó 14.7-9)

Depois de 15 anos sem trabalhar e me dedicando só à família e à igreja, a menina que se achava burra e incapaz de realizar, deu lugar a uma mulher forte e determinada a investir e conquistar. Tirei sonhos antigos da gaveta, ingressei na faculdade de Pedagogia, voltei a trabalhar com vendas diretas de cosméticos, aceitei uma proposta para ser secretária escolar *home office*, passei a investir também em cursos e mentorias *online*.

Por causa do isolamento da pandemia do Covid-19, as igrejas se fecharam, porém, as conexões pelas redes sociais se abriram, me conectei a mulheres pontuais em *lives* no Instagram, que foram alimento para me fortalecer e consolidar a cura, uma delas foi a pastora Luciana de Oliveira; fui edificada e amadurecida, desejei ser mentorada por ela, Deus me deu a honra de ser. Fui surpreendida pelo Pai ao ser convidada para ser coautora desta obra, Ele havia dito que me levaria a muitos lugares para testemunhar o que Ele fez em mim, mas não imaginava que seria também por meio de um livro, eu sou uma improvável escolhida por Deus para este tempo.

A MISSÃO

Novas oportunidades surgiram, convites para pregar em congressos, ministrar em seminário de mulheres, a produzir mais no Reino de Deus, não mais sangrando, curada, restaurada.

Depois do processo do florescer, Deus tem me conectado à meninas e mulheres de várias formas, que abrem o seu coração e Deus tem usado meu testemunho de forma natural para curar e restaurar áreas específicas na vida delas. O inverno passa, a primavera chega, tempo de florir, alimentar os outros com os frutos gerados em nós.

"Como fica forte uma pessoa quando está segura de ser amada!" Sigmund Freud

Minha vida é o resultado da cura e restauração de Deus para um propósito. Sou o que Ele diz que sou: filha amada, menina dos olhos de Deus, escolhida, forte e corajosa, reconheço o valor da essência de Cristo que carrego, e desejo seguir testemunhando cura por onde Jesus me enviar, anunciando a palavra do Eterno.

"Pois a palavra de Deus é viva e eficaz, e mais afiada que qualquer espada de dois gumes; ela penetra até o ponto de dividir alma e espírito, juntas e medulas, e julga os pensamentos e as intenções do coração." Hb. 4:12

Você não é resposta da dor que te causaram, Deus deseja que você seja resultado da cura e restauração nEle. Assumir a autorresponsabilidade e reconhecer as necessidades aqui na terra contribuem para isso, Deus sozinho não faz, ele conta com você.

> Você não é a resposta da dor que te feriu, você será o resultado da restauração e cura de Deus.
>
> *Luciane Laprovita*

Marcia Turci

Filha do Rei, sou esposa de Diego, mãe de Thiago, Lucas e Isabella. Moro na Flórida, nos Estados Unidos. Minha paixão é Jesus e servir as pessoas é o meu propósito.

Tenho formação em Ciências Contábeis, Teologia, Neurociência do Comportamento e sou estudante de Psicanálise Clínica. Há mais de 20 anos venho treinando e desenvolvendo pessoas. Sou empresária na We4 Consultoria e Treinamento, fundadora do Instituto Turci, em Orlando, mentora de liderança, palestrante, treinadora, consultora e ministra da Palavra de Deus.

marciaturci
www.institutoturci
+1 (941) 735-7154

LIDERE SEU RECOMEÇO

por Marcia Turci

Estávamos perto do Natal, época de esperança, uma data que gera um clima de amor, perdão e renovação de amizades. Eu estava voltando de umas miniférias na Bahia. Mas naquele dia em que cheguei na Rodoviária Tietê, em São Paulo, ele não estava me esperando, como combinado por telefone. A partir dali meu chão se abriu, minha vida ruiu e o fim de algo que parecia a realização de um sonho virou um pesadelo.

Casei-me muito cedo e, aos 20 anos, estava separada depois de descobrir uma traição. Meu maior sonho era ter uma família, e, no momento daquela frustração, vi esse sonho desmoronar, minha vida desabar, mas tinha em meus braços a maior esperança da minha vida naquele momento: meu filho Thiago, que tinha pouco mais de 1 ano.

Segui minha vida, mas não parava de buscar alguém que preenchesse aquele vazio que sentia, eu sabia o que queria, mas não sabia como alcançar isso. Nessa busca, passei por alguns relacionamentos fracassados e, 2 anos depois de separada, me apaixonei à primeira vista.

Você já se sentiu assim? Querendo viver o seu sonho, mas apegada a erros e tentativas, com medo de passar por tudo de novo? Era assim que me sentia naquele momento, com o coração acelerado, as mãos frias e a mente cheia de pensamentos, como: "Seria ele mais um que poderia me fazer sofrer?". Mesmo diante das incertezas e dos medos, dei vazão àquela paixão e me entreguei pela segunda vez de cabeça. Começamos a fazer planos de nos casar logo, pois ele dizia que me amava e que estava confortável com o fato de eu ter um filho pequeno.

Desde menina fui bastante introspectiva, falava pouco, me escondia das oportunidades, mas, também, sempre fui muito sonhadora e dada a recomeços. Muito pequena, enfrentei diversas lutas para viver. Já fui resgatada desacordada de uma piscina aos 7 anos, fiquei três meses paraplégica aos 15 anos e, milagrosamente, contrariando os médicos, voltei a andar. Portanto, ter casado cedo e a união ter fracassado não me parou, pois eu era muito resiliente. Mas o relacionamento com Junior, por quem me apaixonei após o divórcio, me fez parar, me levou à depressão e tentativas de suicídio.

Quero aqui fazer uma pausa na história e dizer a você que Deus já sabia do meu destino. Ele me viu primeiro em tudo isso: foram tantos livramentos desde o meu nascimento até aquele momento que eu não estava sozinha, eu só não sabia disso. Até que, quando o chão se abriu naquele dia em que o esperava na rodoviária, decidi por dentro o que eu gostaria de viver fora.

Você não vai viver fora o que ainda não está resolvido dentro de você. Eu não sabia quem eu era, desconhecia por que minhas decisões eram tão erradas. Talvez você, em algum momento, já deva ter pensado: "Por que não consigo viver tudo o que eu sei que posso e quero viver?" Pois bem, eu me questionava sobre a mesma coisa.

Voltando à derrota que levou à maior vitória da minha vida, antes de uma viagem de férias para Bahia, descobri que estava grávida. Sim, estava grávida do Junior. Comemoramos, nos alegramos e fizemos juras e pactos de vida naquele momento; combinamos que, quando eu voltasse, contaríamos a novidade para as nossas famílias e nos casaríamos. Na Bahia, eu e Junior nos falávamos todos os dias. Na tarde que antecedia a minha volta, ele estava diferente ao telefone. Por fim, disse que sua ex-noiva estava grávida dele, mas queria continuar comigo. Por um momento, achei que tudo fosse uma brincadeira dele, mas ele me explicou a situação e falou que escolhia ficar comigo.

Combinamos que ele me buscaria na rodoviária e, juntos, decidiríamos como anunciar às nossas famílias a decisão e como enfrentaríamos a gravidez da ex-noiva. Desembarquei em São Paulo, após uma viagem de dois dias que pareceram meses. Senti uma angústia com relação àquele momento e também enjoos: não via a hora de encerrar aquele pesadelo, de poder abraçar o Junior e seguir na tentativa de formar minha família. Ao descer do ônibus, com o olhar abatido, cheio de lágrimas e cansada da viagem, não vi o Junior. O chão se abriu, minhas mãos ficaram frias, a boca seca, o coração acelerado e uma angústia invadiu minha alma: eu queria gritar, correr. Foram tantos sentimentos ao mesmo tempo, parecia o fim de tudo. Você já viveu algo parecido? Na sua mente, lembrou-se de um momento do passado no qual seu chão se abriu? Então, você vai concordar comigo: esse parece o pior dia da sua vida. Então, liguei pedindo para o meu pai me buscar, mas não lhe contei nada, pois queria encontrar o Junior primeiro.

Os dias passavam e eu não tinha mais contato com o Junior. O procurava, falava com nossos amigos em comum e a resposta era sempre a mesma: ele está se preparando para se casar.

A família sempre estará com você nos piores momentos, nunca se esqueça de celebrar com eles quando o dia mal passar.

Um dia, estava em casa passando muito mal e minha mãe me perguntou se eu estava grávida. Eu ainda não havia contado para eles, sabia que seria uma decepção, estava me sentindo envergonhada. É assim que o diabo age, ele faz você se sentir culpada. Contei para a minha mãe, diante de uma pressão emocional absurda, tudo que havia acontecido e sua reação foi pior do que eu esperava. Ela me disse que deveria contar tudo ao meu pai e que ali eu não ficaria mais. Lembro que meu maior medo, na época, era como iria falar com meu pai, pois eu já havia tido um casamento frustrado, estava morando com meu filho pequeno em sua casa e não tinha emprego.

Saiba que, no seu pior momento, Deus está no seu limite, Deus entra em ação.

Eu estava me sentindo derrotada, um fracasso, mas hoje vejo a mão de Deus, o Seu cuidado e amor por mim. Eu fui para a casa de uma madrinha e fiquei ali sem saber o que faria, até que meu pai ligou e disse que queria conversar comigo. Então, fui até a casa dos meus pais e iniciei uma conversa com o meu pai, uma das mais difíceis que já tivemos, e, no entanto, a mais libertadora da minha vida. Nunca esqueça: falar a verdade é libertador, a verdade conecta, ela traz a luz e a esperança para os dias mais difíceis da sua vida.

Quando começamos a conversar, um nó tomou conta da minha garganta, mas abri o meu coração e, em lágrimas, disse: "Pai, me perdoa, eu pequei, errei e estou grávida; íamos nos casar, mas ele não me quis". Olhando para ele, sentia meu choro tão apertado, e dos olhos dele também lágrimas corriam. Um silêncio tomou conta da conversa. Então, ele me disse: "Filha, sente-se no meu colo". Quando me sentei, aos prantos, ele me abraçou e, olhando firmemente em meus olhos, me disse: "Eu vou cuidar de vocês, esse bebê tem um pai, eu serei o pai que ele precisa". Nunca me esquecerei desse momento, do abraço, daquele amparo. Um refrigério tomou conta da minha alma naquele momento. Por algumas horas, esqueci o sofrimento que sentia. A minha relação com Deus Pai é um reflexo desse dia com meu pai; no meu pior, ele me deu seu colo, me abraçou, amou e não me rejeitou.

Eu não sei a sua história, mas eu posso afirmar que Deus tem colo no dia mal que parece não ter fim.

Nossas escolhas influenciam o que vamos viver, e mudar a nossa trajetória de erros e decepções está em nossas mãos, ou melhor: nas nossas decisões! A gravidez avançava e ainda tentei, algumas vezes, contato com Junior. Continuava procurando estabelecer o nosso relacionamento, mas a cada mês essa realidade se tornava mais distante.

Tem momentos na vida em que continuar, mesmo sem saber por que, é um recurso muito feliz, porque eu não sabia como seria. Mas Deus sabia, precisava confiar que Ele sabia o melhor para mim. Parar é se entregar, continuar é dar uma chance aos sonhos de Deus se realizarem. De fato, quando não temos mais forças e nos rendemos àquele que pode fazer infinitamente mais, experimentamos os planos Dele para nós. Minha decisão em mudar de vez começou quando meu filho Lucas nasceu e Junior não compareceu para registrá-lo. Internamente, fiz uma escolha. Quando recebi alta do hospital, liguei e pedi para ele ir ao meu encontro no cartório para registrarmos o Lucas. Ele prometeu que iria, mas não apareceu. No cartório, sozinha, disse ao meu bebê: "a partir de hoje, somos nós. Eu, Thiago (meu primeiro filho) e você. Seja bem-vindo ao mundo".

Não se decide fora o que não está decidido dentro.

Decidi não procurar mais o Junior e seguir a minha vida. Comecei um processo interno de superar tudo que havia acontecido, mas não era fácil. Eu era apaixonada por ele, sabia que era uma decisão minha seguir e esquecê-lo. A cada momento que passava, mais certeza eu tinha de que não voltaríamos, mas como explicar isso? Que você não consegue superar algo que te feriu, mas precisa seguir?

Na vida, o mal vai durar o tempo que você o alimentar dentro de você!

Dois anos após o nascimento do Lucas, comecei a trabalhar em uma rede de supermercados. O que eu não sabia era que, poucos meses depois de estar trabalhando naquele lugar, minha vida mudaria para sempre.

Eu não falava mais com Junior, mas vivia triste por dentro, chorava sempre que me lembrava dele e entrei em depressão, mesmo recomeçando e com chances para o futuro. Um dia questionei a Deus, tentei desistir da minha vida. Estava no trabalho e o segurança do supermercado, que trabalhava no mesmo horário que eu, me parou no meio da loja, na hora do expediente, e me disse que Deus via e conhecia meu sofrimento, que Jesus tinha, naquele dia, um encontro comigo. Não entendi muito bem o que ele queria dizer, mas sei que isso me tocou, chorei muito e ele me falou para procurar uma igreja. "Deus te viu quando você falou que, se Ele existisse, que mudasse sua vida". Eu pensava: "Como pode Deus me aceitar? Uma mulher solteira que já foi casada, com dois filhos, um de cada pai, uma pecadora, que quer desistir de tudo. Como seria aceita por Deus?".

Procurei uma igreja e, naquela manhã de domingo, parecia que o pastor sabia de toda a minha vida e minha história. Conforme suas palavras iam sendo ditas, elas penetravam em minha mente e no meu coração. Uma esperança surgia, a alegria renascia dentro de mim e uma paz inexplicável tomou conta do meu corpo, da minha alma e do meu espírito. Foi a manhã mais incrível que vivi e escolhi entregar para Deus a minha vida, todo o meu ser, meus problemas, meus sonhos e minhas expectativas humanas.

Comecei, então, um processo lindo com Deus, eu me rendi! Mergulhei de cabeça naquela experiência, resolvi dar uma chance a mim mesma de fazer tudo diferente, comecei a frequentar os cultos, fiz uma confissão de fé, aceitando Jesus como meu único Salvador, me batizei e passei a me envolver com as coisas na igreja. Minha vida se resumia a meus filhos, o trabalho e a igreja. Estava feliz, seguindo meu caminho. Junior não fazia mais parte dos meus pensamentos e sentimentos. Lucas crescia e, com Thiago, vivíamos a nossa vida.

Este é o capítulo da minha história de vida mais importante. Quero ressaltar o propósito divino: quando tudo parecia o fim, aquele segurança que me apresentou Jesus foi um anjo de Deus. O curioso é que não o vi mais depois daquele dia, mesmo trabalhando juntos.

Eu continuava trabalhando na rede de supermercados e, após 4 anos ali, fui promovida para liderar a área administrativa de uma das lojas da rede. Naquela loja, um dia, encontrei aquele segurança que, agora, estava na fila do caixa como cliente. Fui em sua direção e contei a ele o quanto minha vida estava transformada desde a última e única vez que nos falamos. Ele, então, me contou que era pastor de uma igreja e que um dia estava no altar pregando e Deus falou com ele. Disse para deixar seu ministério por um tempo e procurar um emprego, pois nesse lugar ele seria usado para alcançar uma vida, que, por sua vez, transformaria toda a sua família e estaria, também, transformando vidas nas nações. Então, ele começou a trabalhar naquele supermercado, pois era o lugar que Deus tinha mostrado a ele.

Sim, essa vida era a minha, esse pastor deixou suas ovelhas para buscar uma que Deus havia apontado. Ele ainda me contou que, no mesmo dia que falou comigo sobre meu sofrimento e sobre Jesus, foi desligado do supermercado por término de contrato, por isso não o vi mais.

Deus move pessoas para alcançar você. Então lhe pergunto: você está cumprindo seu propósito nesta Terra? Quantas "Márcias" precisam do nosso "sim"? Ele falou de Jesus comigo em fevereiro de 1999, encontrei-o novamente em 2002 e ouvi esse relato, por meio do qual ficou evidente o amor de Deus por mim.

Sua vida é preciosa, você é única, todo o seu sofrimento não se compara com o que Deus pode fazer. Reconheça que o filho Dele morreu por você, e que, por meio Dele, você e eu podemos viver em plenitude nesta Terra, cumprindo nossa missão.

Quando Junior decidiu me abandonar grávida, parecia o fim da minha história, mas eu não imaginava que ela já estava escrita desde antes do meu nascimento. Quando eu experimentei Jesus e me relacionei com ele, eu aprendi e entendi que não importavam muito os fatos, mas como eu reagiria ao que me acontecia. Daquele dia em diante, eu decidi viver para Jesus, entregar a Ele toda a minha vida. Meus sentimentos, pensamentos e minhas decisões passaram a ser submetidos à palavra de Deus e, com base nos princípios divinos, comecei a colher diferentes resultados.

Você pode escolher qualquer caminho, mas, se nele não estiver com Deus, estará fadada ao fracasso, com aparente sucesso. No seu fim, existem lindos recomeços. Decida recomeçar da forma certa!

Lucas está com 26 anos, é jogador profissional de futebol e vivemos juntos nos Estados Unidos. Conheci Diego na igreja em que me converti e estamos juntos desde 2003. Dessa nova união nasceu Isabella e, hoje, posso celebrar: Deus me deu a minha família!

> Não se decide por fora o que não se decidiu por dentro.
>
> *Marcia Turci*

Midian Patricia

Me chamo Midian Alves Kessel, sou profeta, pastora e estou me formando em Psicoterapia. Sou mãe das heranças benditas: Michel, de 15 anos e Myriann, de 10. Sou esposa do Pr. Otto Kessel Filho, com o qual presido a Igreja Escola de Profetas, no Rio de Janeiro.

pra_midian_alves_kessel

(21) 99039-3935

TODA RENÚNCIA TEM RECOMPENSA NA TERRA E GALARDÃO NO CÉU

por Midian Patricia

É com lágrimas nos olhos que começo a contar um pouquinho da minha história de superação. Vamos lá, povo maravilindo! Minha mãe, missionária Carmem Lúcia, veio de Recife para tentar uma vida melhor no estado do Rio de Janeiro. Neste tempo, ela já tinha sofrido muito e engravidou da minha irmã Cláudia decidindo continuar no Rio de Janeiro porque uma tia morava aqui também. Quando ela chegou, conheceu meu pai e engravidou de mim. Morávamos de favor na casa dessa tia, então minha mãe engravidou do meu irmão Efraim e as coisas ficaram ainda mais difíceis. Minha mãe e meu pai se mudavam com muita frequência. Nessa época, eu tinha cerca de 3 anos e fui molestada por uma pessoa da família, por várias vezes, até os 6 anos e a ela só parou porque foi presa.

Nessa época, meus pais conseguiram um terreno no bairro chamado Parada Angélica, em Duque de Caxias. A vida era muito difícil, meu pai era pedreiro, mas não tinha dinheiro para construir uma casa, eles sem recursos financeiros fizeram uma casa com plástico preto e madeira, quando chovia entrava cobra, etc. Dentro do barraco, tínhamos que fazer as necessidades em uma lata ou sacola plástica (quando tinha), até que meu pai foi fazendo aos poucos a nossa tão sonhada casa: primeiro um e depois 2 cômodos. O banheiro era do lado de fora, não tínhamos geladeira; eu e meus irmãos Efraim e Cláudia batíamos de porta em porta para pedir gelo e água aos vizinhos. Neste tempo, minha irmã Claudia foi trabalhar para ajudar em casa e minha mãe fazia costura para fora, ela já tinha 3 filhos e nasceram mais dois: Josué e Jesiel, que são gêmeos.

Nossa vida era um inferno, meu pai batia muito em minha mãe. Minha mãe começou trabalhar de faxineira, porque as vezes não tínhamos o que comer, ela plantava bertalha para comer. Tinha dias que não tinha, ficávamos com fome, passávamos fome! Quando minha mãe começou a trabalhar fora, começou o ciúme do meu pai... aí que ele batia mais nela. Íamos para a igreja, porém eu não entendia: por que estávamos indo pra casa do Senhor e meu pai fazia aquilo? Eu chorava demais! Uma vez, meu pai bateu tanto que pensei que ele iria matar minha mãe. Neste dia, ele me jogou longe porque fui defendê-la. Eu não aguentava mais! Fiz uma oração: "Papai do Céu, separa meu pai da minha mãe, transforma ele ou prepara e leva, eu não aguento mais!"

Nesta época, fiquei um tempo morando na casa da minha irmã, que com 15 anos se casou porque não aguentava mais. Meu pai falava: "Sai da minha frente! Não gosto de você!". Eu tinha apenas 9 anos de idade.

Me lembro que uma vez fui visitar a minha mãe e falei: "Mãe, quase caí de cima da casa da Claudia." Meu pai ouviu a conversa e disse que eu tinha que ter morrido, ou cair e ficar em uma cadeira de rodas! Eu chorava por dentro e queria entender porque o meu próprio pai me tratava daquela forma. Nesse mesmo dia, eu voltei pra casa da minha irmã, fui para a varanda, me desequilibrei e caí do 2º andar. Foi aquele alvoroço, me levaram para o hospital, bateram o raio x e para surpresa deles eu não tinha quebrado nada, só estava com muita dor. O médico me disse: "Você é um milagre, era pra você estar na cadeira de rodas ou ter morrido". Me lembrei na hora do que o meu pai tinha me dito.

Não demorou muito tempo depois da oração que fiz, Papai do Céu levou o meu pai. Quando ele morreu, eu tinha 10 anos. Homem trabalhador demais, porém muito nervoso, ele tinha problemas de nervos! Chorei muito, porque apesar de tudo, ele era meu pai, eu o amava e sempre irei amar! Assim como amar é uma decisão, perdoar também é. Eu decidi perdoar o meu pai! Temos que perdoar 70×7=490, por dia! O evangelho de Jesus, segundo escreveu Mateus 18:21-22, afirma isso: *"Então Pedro aproximou-se de Jesus e perguntou: "Senhor, quantas vezes deverei perdoar a meu irmão quando ele pecar contra mim? Até sete vezes? Jesus respondeu: Eu digo a você: não até sete, mas até setenta vezes sete"*.

Com 11 anos, eu falei para a minha mãe que queria me batizar nas águas, porque apesar de todas essas lutas, eu cresci em um lar onde a minha mãe nos ensinou e nos deu o bem mais precioso que um pai ou mãe poderia dar para um filho. Não é um iPhone, que os filhos querem hoje, não! O que a minha mãe me deu foi uma Bíblia e uma Harpa Cristã. Meus irmãos e eu fazíamos culto doméstico em casa e ela era dirigente do Círculo de Oração. Com 13 anos, antes de ser batizada com Espírito santo, eu era chacota na igreja, entre os adolescentes e adultos, o pastor mandava a obreira vir falar comigo para eu falar "glória a Deus" mais baixo, porque estava atrapalhando o culto.

Eu usava roupas doadas, porque a minha mãe só conseguia comprar no final do ano para os 4 filhos. Ela não podia deixar de comprar comida para comprar roupas!...Lembro que no final do mês, eu tinha que pedir 10 reais ao pastor para comprar feijão, minha mãe mandava eu ir à igreja pedir a ele. Imaginem uma viúva com 4 filhos para alimentar? O que doeu demais foi um culto de doutrina onde aquele pastor falou: "Ninguém vai ficar liberando dinheiro aqui, não! Tem gente que é vagabunda, todo final do mês me pede 10 reais!". Era emprestado, minha mãe sempre devolvia!

Eu confesso que fiquei revoltada, porque sempre limpávamos a igreja, crescemos com a igreja, ela era enorme, ninguém pagava nada para a minha mãe e nem queríamos, limpávamos por amor à obra!

Todas aquelas situações, desde a infância, foram somatizando, virando uma bola de neve dentro de mim. Criei uma revolta tão grande, que às vezes eu perguntava a Deus: "Será que eu nasci só pra sofrer? Por que eu, minha mãe e meus irmãos temos que passar por isso?". Foi aí que saí da igreja e com 14 anos comecei a namorar com um bandido. Minha mãe se casou com o meu padrasto, o saudoso pastor Adelton (um pai pra mim), que me falava sorrindo: "Pastora, missionária tem que ler a Bíblia". Só que eu não queria mais saber de nada relacionado à igreja.

Minha mãe se mudou da comunidade (favela) e eu vivia em bailes. Ela grávida vinha atrás de mim, porque eu ficava longe de casa duas semanas ou mais. Todos diziam: "Ela vai morrer." Até que um certo dia, ligaram para minha mãe e perguntaram: "Midian está aí?" Ela não sabia, pois tinha acabado de acordar. Então falaram: "Mataram 15 colegas dela". Minha mãe desesperada foi me procurar, eu estava no quarto dormindo, para alívio dela. Então, ela conversou comigo e naquele dia, eu dei um tempo de favela (ou Biqueira), foi quando comecei a trabalhar no Bob's. Engravidei e minha filha Vitória nasceu e por negligência médica, com 1 mês e 21 dias ela morreu. Descobri a traição do pai dela e me separei, tudo isso com 17 anos.

Quando conheci o pai dos meus filhos, minha mãe falou: "Não é de Deus para a sua vida", eu falei: "Quem sabe sou eu!" Quebrei o princípio e a cara! Até que engravidei do Michelzinho, compramos uma casa e depois engravidei da Myriann. Só que ele me batia muito, denunciei ele sete vezes na delegacia, isso quando eu conseguia ir. Meus filhos passando a mesma coisa que passei, vendo a mãe apanhar do próprio pai. Myriann era um bebê ainda, ele quase me matou, me mandou ir embora e eu não aguentava mais! Fui sem levar nada, nem os documentos, ele queimou tudo e eu deixei meus filhos com minha mãe.

A história a partir dali, aparentemente, começou a mudar. Fui morar no Complexo da Maré (RJ), onde meu irmão Efraim morava, até que comecei a trabalhar de camelô. Minha ex-cunhada, Ana do Couto, me ajudou demais; com uma banquinha, eu fazia R$30 por dia. Foi quando comecei a ir para a igreja pedir a Deus estratégias, dormia no chão da loja do meu irmão, às vezes na casa onde ele estava. Então, aluguei um *kitnet* e comecei fazer R$2.000 em um dia; levava o dízimo na igreja e eu achava que isso era tudo.

Naquele tempo, Deus permitiu minha mãe ficar doente. Eu fui para o Monte do Azeite, em Duque de Caxias/RJ, fazer uma campanha por ela e Deus começou a usar profetas dizendo que ia me levantar como pastora. Me lembrei quantos profetas Deus já tinha usado pra falar para a minha mãe essas mesmas palavras! Naquela época, comecei a ganhar almas na comunidade, as pessoas faziam fila na frente da loja do meu irmão para eu orar por elas. Eu não conseguia mais trabalhar porque a chamada começou a arder dentro de mim. Minha amiga Ana do Couto falava: "Você vai ser uma pastora de excelência. Com essa unção e esse amor pelas vidas, você vai longe".

Naquele período, fui morar no bairro Vila São Luiz, também em Duque de Caxias, onde um pastor que tinha me visto quando eu era rebelde e viu que havia algo diferente em mim, me convidou para ir à igreja dele. Eu já era convertida e resolvi ficar lá.

Comecei a dirigir cultos de libertação e de consagração e ganhar almas pra Jesus nas favelas, praças, casas, etc. Por motivo de força maior, tive que sair de lá, mas já tinha sido consagrada à missionária. Foi quando conheci uma pessoa em um culto, ele era pastor e gostou de mim; como eu estava já há anos esperando no Senhor, pensei: "Agora vou ser feliz!" Nos casamos, com pouco tempo de casados eu parecia que estava vivendo um sonho, ele me chamava de amor e eu a ele.

Antes de me casar, senti dores fortes do lado direito do abdômen, falei para ele, mas ele achou que não era nada de mais. Com poucos meses de casados, eu comecei a passar muito mal, vomitando pus, não conseguia me levantar da cama. Foi quando começou o inferno, eu começava a chorar porque não tinha plano de saúde, como ia fazer? Foi quando minha mãe conseguiu um médico e ele disse que eu estava com pedra na vesícula, tive que operar. Deus falou comigo: "É por causa de uma pessoa que está lá que eu permiti você passar por isso." Fiz a cirurgia e Deus salvou a pessoa, que estava em estado terminal, como havia me dito. Só que eu já tinha engordado demais e o relacionamento com o meu marido tinha se tornado tóxico, o desrespeito começou a acontecer, às vezes até na frente dos meus filhos.

Chegou em um ponto que peguei as minhas coisas e fui embora para a casa da minha mãe. Enquanto estava lá, ele me ligava, falava que eu era a mulher da vida dele, que estava arrependido, que as ovelhas estavam preocupadas. Quando eu voltava para casa, pensava que iria ser diferente, mas as confusões continuavam. Terminamos nos separando definitivamente.

Um dia, eu estava orando e o Espírito Santo falou comigo: "Usa o que você tem, que eu vou dar o que você não tem". Eu pensei: "Eu não tenho nada". O Espírito Santo falou: "Tem sim, pega esse telefone e faz um grupo de *whatsapp*" e eu fiz: "Restauração do Sentimental". Mais uma vez, o Espírito Santo falou: "Faz mais um grupo, o de "Chá de casa nova". Eu pensei: "Eu não tenho dinheiro nem pra alugar uma casa, como vai ser isso?" E os meus amigos, cada pessoa do grupo deu R$100 ou deu um eletrodoméstico.

Quando entrou a pandemia, eu estava realizando um trabalho de oração com quase 200 pessoas no monte. Deus restaurou casamentos, curou, causas de justiça saíram. Até que um dia, fui convidada para entrar em uma *live* no Instagram com a minha amiga pastora Daniele Moura. Deus a usou e disse: "Vou mudar a sua geografia, vou mudar a sua casa, vou te dar tudo novo". Em um outro momento de oração no monte, Deus usou meu pastorzão Wagner de Oliveira, esposo da pastora Luciana Oliveira do Restaurando Mulheres (ADMRF) e falou: "Vou te tirar de Lodebar!" Foi quando conheci Letícia e oramos para Deus restaurar o casamento dela com Charles, no Monte do Azeite. Depois de 3 meses, Deus restaurou!

Através de Letícia e Charles, conheci a Sara Pôncio, foi quando essa minha sunamita me chamou pra ir orar na casa dela. Seu pai, Márcio Pôncio, quis me conhecer e a sua esposa Simone Pôncio não me deixou ir embora. Alugaram um apartamento no Barra Family Resort para eu morar. Detalhe: não pude levar nada, tinha tudo que eu sonhava dentro do apartamento! Então, fiquei orando para Deus restaurar o meu casamento, porque pra mim casamento é para sempre, só que meu ex já tinha dado entrada no divórcio!

Em uma dessas campanhas, minha amiga Fabiana apresentou um amigo dela, o Otto Kessel Filho. Só que eu estava tão machucada, que não queria mais ninguém. Quando ele me ligava, eu o bloqueava, mas ele colocou os pastores para orarem por mim e, do nada, comecei a ter um sentimento por ele. Nos casamos e hoje ele é o meu facilitador, o meu Boaz, me ajudou neste ano de 2022 a abrirmos a igreja Escola de Profetas, no Rio de Janeiro. Sem recursos, em menos de um ano já estamos no galpão, não tinha como, foi pela fé! Eu só tinha 21 centavos na conta quando fui ver o galpão e através da ajuda de dois anjos que deram o pontapé inicial - meus diáconos Josias e Adriana - e todas as ovelhas da Escola de profetas, estamos no galpão, onde almas têm se convertido. "A glória da última casa será maior que a da primeira." (Ageu 2-9)

Quando aumenta o nível da guerra temos que aumentar o nível da busca.

Midian Patricia

Mirian Almeida

Sou Mirian Almeida, casada com o cantor e compositor gospel Douglas de Oliveira e mãe do Enrico.

Bacharel em Turismo por formação, iniciei meu chamado ministrando mulheres no curso Mulher Única, passando pela liderança de grupos femininos, intercessão e já liderando mulheres há mais de 7 anos.

O meu chamado missionário se iniciou após uma viagem ao Haiti, e desencadeou diversas ações missionárias em favor de orfanatos, casas de recuperação feminina e refugiadas de Guiné Bissau.

Atualmente, me dedico ao trabalho na minha igreja local ADMRF (Assembleia de Deus Ministério Restaurando as Famílias), onde sirvo como missionária e também coordenadora do ministério Restaurando Mulheres.

eumirianalmeida
(21) 99881-9305
miia.almeiida@gmail.com

ESCOLHA SER AMADA!

por Mirian Almeida

Acredito que o casamento seja o ponto alto do "felizes para sempre" da vida real para a maioria das mulheres, mas não era para mim. Eu nunca desejei me casar e passei boa parte da minha vida assim, sem achar que esse amor romântico fazia sentido. Era algo bonito de ver nos outros.

Quando eu era pequena, vi uma cena que jamais irei esquecer, meu pai Márcio (que já descansa no Senhor) estava sentado junto à porta da cozinha, chorando. Minha mãe Josélia, uma mulher guerreira, que na época ainda não era cristã, havia pedido a separação. Eu tinha apenas 8 anos e aquilo foi muito difícil para mim. Meu irmão Potiak, mais novo que eu dois anos, entendia um pouco menos e, por isso, talvez sofresse menos também. Uma criança nunca entende o que leva a esses fins, mas, certamente, entende toda a dor e todo o peso que esse momento carrega. Cheguei a ouvir algumas brigas, até que eles realmente se separaram e eu tive que me acostumar a viver longe do meu pai. Não posso dizer que foi fácil: chorei com saudades dele até os 16 anos, mas a vida nos leva a continuar. De modo geral, eu era feliz, minha mãe fez de tudo por mim e, sempre que nós podíamos, viajávamos com meu pai.

Tudo ia bem, mas uma área da minha vida não era igual à das adolescentes da minha idade: a sentimental. Eu nunca tive um namoro que durasse, me tornei adepta do famoso "ficar". Até dizer para um menino que eu gostava dele me revirava o estômago. Falar "eu te amo" para alguém era dificílimo para mim, mesmo para familiares e amigos. As pessoas não são capazes de viver sem amor, mas eu, tranquilamente, vivia sem dizer que amava ninguém. Uma vez, uma tia me disse: "Você não gosta de se envolver pois ficou abalada com a separação dos seus pais". Eu apenas ignorei o que ela falou, mas hoje posso ver como a sua observação fazia sentido e a minha mente imatura não conseguia absorver.

Por volta dos meus 20 anos, eu estava começando a ouvir sobre o Senhor e me aproximando Dele. Minha mãe já havia se convertido e sempre encontrava um jeito de me fazer ir até a igreja com ela, em datas especiais. Aquela Palavra me cativava e me chamava! Mas, até então, eu resistia. Certo dia, minha prima Juliana me chamou para ir a um culto na igreja dela e, naquela noite, eu sabia que iria finalmente aceitar Jesus. E assim foi: ao final do culto levantei a minha mão! Me senti lavada por dentro, uma força e uma alegria surgiram dentro de mim, como nunca antes. Foi maravilhoso! Nessa época, eu estava começando um relacionamento com um rapaz, tudo fluía bem e, saindo do culto, fui encontrá-lo. De alguma maneira, minha mente me levou a acreditar que aquelas duas histórias estavam conectadas: a minha com Deus e a minha com ele, então eu criei a necessidade de dar o meu melhor nesse relacionamento e de ser quem eu jamais havia sido para ninguém antes.

Então começaram os piores anos da minha vida sentimental. Em meu coração, eu queria viver as coisas de Deus, me sentia atraída pelo Evangelho – embora soubesse pouquíssimo sobre ele. Por outro lado, continuei naquele relacionamento, que logo se tornou um namoro conturbado e emocionalmente cansativo. Ele queria as bebidas e as farras, eu queria a paz que eu sentia quando entrava em uma igreja, queria viver de acordo com o que eu ouvia lá. Mas, a cada dia com meu namorado, eu me sentia mais responsável pela mudança que eu ilusoriamente criei. Eu, que sempre me considerei uma pessoa esclarecida e consciente, naquele tempo parecia inebriada por uma paixão sem freios. Ele bebia todas as vezes em que nós saímos, e sempre ficava fora de controle. Foram muitas brigas na rua, confusões com desconhecidos e muitos vexames, sem contar o constante medo que eu sentia da traição.

O medo de perdê-lo para outra mulher, ou até mesmo para a morte (um medo que me assolava, dada a forma descontrolada como ele vivia), me faziam buscá-lo ainda mais. Minhas orações pela vida dele eram constantes, tive muitas experiências espirituais nessa época: sonhos, revelações e espantos noturnos. Sempre soube que havia situações espirituais, mas eu ainda não as compreendia como hoje. Na minha mente, aqueles eram sinais de que eu deveria lutar mais.

Nesse sentido, devo dar a você um conselho: nunca comece um relacionamento com o intuito de consertar alguém. Nós, mulheres, temos a necessidade de cuidar e ajudar pois, fomos feitas por Deus como auxiliadoras. Mas não confunda isso e não se torne responsável pela vida de alguém. Procure se envolver com uma pessoa que tenha defeitos com os quais você aceita lidar, para que não viva frustrada esperando uma mudança que não irá acontecer.

Foram dois anos de relacionamento e eu até tive dias felizes, mas isso só acontecia porque eu me encaixava no modelo de vida que ele vivia. Fingia estar feliz ao frequentar lugares e estar com companhias que eu não queria, apenas para vê-lo satisfeito. Ele, por sua vez, não me obrigava a nada, mas eu sabia que se não estivesse ao seu lado, outra poderia estar, por isso eu sempre cedia. Ele parecia ter sentimentos por mim, mas definitivamente não na mesma proporção que eu tinha por ele. Acredito que ele "gostava" de mim, mas gostar envolve ter alguém com quem contar e passar um tempo junto. Amar, no entanto, significa muito mais, e esse "mais" tem um alto preço, que ele não estava disposto a pagar. Muitos homens gostam da nossa companhia, da nossa amizade e do nosso apoio, mas isso não quer dizer que sejamos amadas. Cabe a nós escolhermos se desejamos estar com alguém que apenas goste de nós ou que realmente nos ame.

Tivemos algumas idas e vindas, até que em um desses términos ele se envolveu com alguém que sempre nos cercou. Quando eu descobri, foi imperdoável. Meu coração se despedaçou. Parece que, naquele momento, consegui ver quem ele realmente era e eu não queria enxergar. Na queda desse poço que não parecia ter fundo, eu vi a única luz que podia me salvar: Jesus.

Decidi que precisava procurar uma igreja e congregar. Foi quando conheci minha amada igreja ADMRF (Assembleia de Deus Ministério Restaurando as Famílias). Comecei a caminhada com a minha vida sentimental despedaçada. Pensei que enfim voltaria a ter paz, mas não. Ele ainda me procurava e eu tinha esperança de que algo pudesse mudar, nós não tínhamos mais nenhum envolvimento, apenas longas conversas que não levavam a nada. Eu ia para a igreja, recebia de Deus, conversava com amigos e saía de lá feliz. Ele ia me buscar e meu semblante mudava, parecia que minhas energias estavam sendo sugadas.

Por um ano, essa situação se repetiu: levantar todas as manhãs era um fardo, conseguir trabalhar sem chorar era um desafio, ouvir louvores era o meu oxigênio. Nessa época, somente a presença de Deus me consolava. A dor gerava em mim mais fé, mais vontade de me aproximar de Deus. Com a imposição de mãos do meu amado Pr. Wagner, fui batizada pelo Espírito Santo, me batizei nas águas e cada dia eu tinha menos vontade de olhar pra trás.

O fim daquele ano de trevas se deu em uma roda de oração em minha igreja, quando Deus me mostrou uma rede de pescador na qual cada nó se ligava a outros nós. O Senhor me revelou que, como um nó, me ligaria a alguém para alcançar muitos outros. Nesse dia, foi como se aquele sentimento se esvaísse de mim; percebi meu sentimentos indo embora aos poucos. Eu não sentia mais a dor como antes, comecei a ter alegria em outras áreas da minha vida, que até o momento também não tinham cor. Foi um ano inteiro caminhando com Deus e resistindo ao diabo. Mas, depois de muita dor, lágrimas e sofrimento, eu voltei a ser livre novamente!

Um tempo depois, minha querida pastora Luciana confiou a mim algo de extrema importância: dirigir o primeiro culto de mulheres da nossa igreja! Eu me senti incrivelmente lisonjeada, embora um pouco temerosa; eu não possuía nenhum cargo eclesiástico e tinha pouco tempo de conversão. Foi uma escolha nada ortodoxa para a situação, mas lá estava eu, feliz e pronta para começar algo tão grande que eu nem imaginava. Quando a pregadora da noite chegou, minha pastora me apresentou a ela, que respondeu: "Ah sim, essa é a sua nora!" Minha pastora, muito constrangida, respondeu: "Não, essa é a minha nova ovelha, de quem lhe falei!". O momento embaraçoso passou e, no final de sua pregação, ela veio em minha direção, colocou a mão no meu coração e disse: *"Deleita-te no Senhor, e Ele satisfará os desejos do teu coração!"* (Salmos 37.4). Eu recebi e cri naquela palavra; hoje, mais do que nunca, sei que ela é real. Tudo o que eu desejei e sonhei só se tornou real quando comecei a viver para o Senhor.

A noite em que fui chamada de nora da pastora pareceu apenas um mal-entendido, até que momentos como esse se repetiram. Semanas depois, ao final de um culto no qual a preletora falou muito sobre casamento, fui elogiar a palavra e dizer que queria um dia me casar. Então, prontamente, a profeta respondeu: "Que benção, você é namorada do rapaz no teclado, não é?". Fiquei tão estarrecida que não consegui responder. O rapaz do teclado era Douglas, o filho da pastora, que eu pensava ter 15 anos, mas que, na verdade, tinha 19. Eu já era formada, trabalhava fora, tinha minha independência financeira e ele era filho de pastores, tinha terminado a escola há pouco tempo e era um garoto que eu considerava brincalhão demais. Outra profeta foi mais direta e, ao final de um culto, disse: "Pastora, o que a senhora acha? Ele e ela (apontou para nós) juntos?". Minha pastora, duvidosa, respondeu: "Se for de Deus...". E aquela senhora continuou: "Pois eu vejo. Serão duas grandes tochas dentro dessa igreja!"

Nós tínhamos pouco contato dentro da igreja e, depois desses episódios, comecei a me afastar ainda mais. Ao todo, foram sete profetas que Deus usou para falar sobre mim a ele. Minha prima Jeniffer, recém-convertida, foi a última delas. Enquanto adorava ao meu lado no momento de louvor, ela me cutucou. Olhando fixamente para o altar, disse, assustada: "É ele! É com ele que você vai se casar!". Eu desabei a chorar. Minha reação foi um misto de raiva e tristeza. Não era o que eu queria, mas parecia que Deus não entendia.

Não creio que Deus determina com quem iremos nos casar, mas que Ele nos direciona. Revelações erradas sobre a vida sentimental podem causar confusão e dor. Não é porque Deus falou diretamente comigo que será da mesma maneira com você; por isso, ouça o que os profetas falarem, mas, principalmente, esteja atenta aos princípios de Deus e à direção que Ele dará ao seu coração.

Nesse período de paz, em um passeio com amigos num parque aquático, Douglas e eu tivemos um tempo sozinhos, no qual pudemos conversar um pouco. Nesse dia, meus pré-julgamentos sobre ele caíram por terra. Ele era uma rapaz divertido, gentil e me mostrou que não havia motivo para estarmos distantes. Nos tornamos amigos, conversávamos todos os dias – tê-lo ao meu lado me fazia bem. Conscientemente, me envolver com ele estava fora de cogitação, mas, de alguma maneira, ele já estava fazendo parte dos meus dias. Como a maré, que vai chegando devagar, sem que eu percebesse, Douglas se tornou indispensável.

Conversamos por um mês e ele sempre deixava nas entrelinhas suas intenções. Eu me fazia de desentendida, tinha muito medo de me envolver com alguém novamente – ainda mais com alguém tão diferente de mim. Mas, a cada abraço, a cada massagem nos pés no final do culto, a cada risada, eu me sentia mais perto dele. Éramos melhores amigos, conversávamos sobre tudo. Eu não precisava mais fingir, eu era eu mesma com ele. Até que, após um encontro entre amigos, ele me surpreendeu com um beijo! Tentei resistir mas desisti, apenas me derreti como uma adolescente em um filme romântico. Foi o melhor beijo do mundo! Três dias depois, contamos a todos que estávamos namorando. Tivemos um namoro santo, aproveitamos muito nosso tempo juntos para aprofundar cada dia mais aquilo que Deus já tinha colocado em nós.

Tudo que vem de Deus traz paz e era isso que eu sentia. Talvez você esteja se perguntado: "Paz? Não pra estar sentindo amor?" Não! Amor se constrói. Amor vem com o tempo, o respeito, a maturidade... Eu fiz uma escolha consciente. Não escolhi o Douglas por um impulso carnal, mas porque o conhecia, confiava nele, em seu caráter. Quando sua escolha é feita baseada na paixão, o solo é instável e pode ruir facilmente, mas quando é feita de forma consciente, o amor pode crescer com estabilidade e sem medo. Depois de algumas semanas namorando, em um dia comum, eu ria de mais uma das piadas dele quando, em meio ao riso, eu disse: "Ai, eu te amo!". Foi tão sutil e doce! Como foi fácil dizer que o amava! Douglas me ensinou a amar e, principalmente, me ensinou a ser amada. O medo sumiu, os traumas foram dissipados pelo amor que Deus trouxe para mim. Sete meses depois nós ficamos noivos e mal podíamos esperar o que o Senhor ainda teria reservado para nós! Nos casamos em 2015 e hoje somos três: Douglas, eu e o nosso filho amado, o Enrico.

O amor que Deus sempre teve por mim não era evidente aos meus olhos, mas ao renunciar o mundo e decidir caminhar com Jesus, escolhi ser amada por Ele. O amor de Deus é uma verdade imutável. O Seu amor independe de quaisquer circunstâncias, mas depende de você escolher deixar o passado, os traumas, o mundo e viver esse amor. Só depois de entender a magnitude do amor de Deus por mim consegui receber o amor de um homem que me ama como Ele gostaria. Assim, hoje posso dizer que meu marido me ama como Cristo amou a igreja. Ser amada é uma escolha! E, com meu testemunho, quero incentivá-la, querida leitora: escolha ser amada!

O amor se constrói em cima de uma escolha consciente.

Mirian Almeida

Polyana de Jesus

Meu nome é Polyana de Jesus, tenho 40 anos e sou pastora de uma linda igreja Assembleia de Deus em Aparecida de Goiânia, em Goiás. Também sou cantora – canto desde os 4 anos de idade. Quando eu era criança, minha mãe me levava para o círculo de oração, eu tirava a chupeta da boca e já cantava o hino 169 da harpa cristã – que amo até hoje.

Tenho formação em Segurança Pública, Teologia e Psicanálise. Especializei-me em Neurociência, mas hoje sou servidora pública e trabalho como coordenadora de uma unidade de assistência social. Em minha cidade, atuo com a melhor idade.

O meu propósito de vida é servir as pessoas. Trabalho em alguns projetos de fortalecimento de vínculos familiares, desenvolvimento humano e casamento restaurado, além de atuar no Impacto Radical – base 20, Goiás.

polyanadejesusoficial
poly_rodrigues@hotmail.com
(62) 99387-0877

MEU MILAGRE VIROU NOTÍCIA

por Polyana de Jesus

No ano de 2020 teve início à pandemia. O mundo virou de cabeça para baixo e nós, brasileiros, que sempre fomos tão abençoados, começamos a sofrer as consequências de um vírus letal. Não tínhamos vacinas, não tínhamos remédios e ninguém sabia nada sobre o novo Coronavírus. A única coisa que podíamos fazer era ficarmos isolados todos em casa, para infectar o mínimo de pessoas possível.

As igrejas precisaram fechar, as empresas e tudo o mais. Passamos a viver um isolamento social terrível. Nesse contexto, meu pai, um homem muito ativo, sanguíneo e acelerado, infelizmente, foi diagnosticado com Covid-19. Minha mãe o isolou no quarto, a pedido da médica, e o alimentava pela janela. Ele foi piorando e minha mãe ligou, pedindo que o levássemos ao hospital. Eu fui para a casa deles e levei meus remédios, pois sou asmática. Pensei que uma bombinha ou um aerossol pudesse ajudar meu pai. Mas não houve nada de melhora, a falta de ar dele só aumentava. Meu esposo o levou para um hospital, fizeram um raio x e disseram que o pulmão dele estava 50 por centro comprometido, mas que ele poderia se tratar em casa. Então, ele retornou para o isolamento. Tossia muito no quarto e nós orávamos e chorávamos na sala.

Enquanto isso, minha avó paterna adoeceu, ficou fraca, caiu em casa e teve que ser levada às pressas para o hospital. Lá, seu estado se agravou e ela veio a óbito. Eu fiquei em choque quando recebi essa notícia. Meu esposo e meu filho me auxiliaram nesse processo e diziam que eu tinha que ficar forte para contar o que aconteceu para o meu pai. Eu, minha mãe e minha irmã fizemos uma reunião e minha mãe decidiu que meu pai deveria saber da morte da sua mãe, mesmo estando doente. De acordo com ela, se ele soubesse depois seria pior. Decidimos, portanto, contar a ele. Nós três pedimos que ele abrisse um pouco a porta do quarto; de longe, eu olhei para o meu pai e disse: "Pai, eu tenho que contar uma coisa para o senhor. Deus recolheu minha avó". Ele, assustado, disse: "O quê? Não entendi.". Então falei: "Minha avó, sua mãe: Jesus a levou". Ele fechou a porta. Como a janela do quarto era de vidro, fomos até lá. Ele chorava, orava e dizia: "Estou me sentindo como Jó". Devido a essa forte emoção, a falta de ar dele piorou muito e tivemos que retornar ao hospital.

Nesse momento, começava uma saga de muita dor e muito sofrimento para a minha família. Meu esposo sempre foi o motorista e companheiro do meu pai – aonde meu pai ia, meu esposo o acompanhava. Chegando no hospital, meu esposo o deixou e, em seguida, voltou para casa. Quando ele chegou, desabou em choro e disse: vão intubar o seu pai. O vírus era algo desafiador até para os próprios profissionais de saúde. Os médicos ainda estavam estudando qual era o melhor tratamento, mas sabiam que, de cada três pessoas que eram intubadas, só uma voltava e quando voltava. O cenário era assustador, eu fiquei desesperada. A comunicação agora acontecia só por ligações, uma vez ao dia, com os assistentes sociais e psicólogos do hospital. Havia um boletim, também, uma vez ao dia.

Ligaram do hospital pedindo que minha mãe fosse buscar os pertences do meu pai. Quando chegamos lá tinha um médico na recepção. Eu fui logo até ele, precisava saber mais informações. Só quem já passou por essa situação sabe como é angustiante não ter detalhes sobre o estado de um paciente. Perguntei àquele médico, um rapaz novo, como estava o paciente Paulo Luís. Ele olhou para mim e perguntou: "O que você é dele?" e eu disse que era sua filha. Então, ele contou: "Estamos tentando de tudo, não conseguimos intubá-lo; ele tem uma gordura no local onde passa a intubação. Vamos tentar fazer a traqueostomia, mas o melhor para ele seria a intubação". Naquele momento, eu fiquei desesperada, pois sabia que a traqueostomia podia gerar infecção. Saí chorando e meu esposo falou: "Calma, amor, vamos ligar para o pastor Vagno".

Vagno é um pastor que sempre fez parte da nossa história: ele consagrou os meus pais ao ministério, foi ele que levou a gente para o Pará, ele que fez o meu casamento. Enfim, é alguém de muita confiança da nossa família. Ligamos para ele, que já tinha passado uma vez por esse procedimento. Na ligação, ele disse: "Fique calma, Polyana. Tudo vai dar certo". Saí dali mais calma, mas sem aceitar que meu pai passasse por aquele sofrimento. Falei: "Mãe, vamos orar para que o Senhor faça algo, que o médico insista na intubação. Que eles entrem em um consenso e decidam operar essa gordura, para desobstruírem o local". E assim foi feito, a cirurgia foi um sucesso e intubaram meu pai.

Foi um dos dias mais difíceis da minha vida, a incerteza se eu veria meu pai novamente, se eu o abraçaria outra vez, se eu aprenderia com ele novamente. A única coisa que me acalmava eram as canções. Eu as ouvia sem parar, duas músicas em específico eu escutava mais de 10 vezes por dia, dentro da minha casa, eram: "O meu milagre vai virar notícia" e "Descansa". Orávamos, levamos minha mãe para a minha casa, minha irmã e meu cunhado também ficavam lá quando podiam. O medo, naquele momento, era: quem será o próximo? Porque todos nós tivemos contato com o meu pai, com certeza alguém estava infectado, senão todos. O meu medo era que minha mãe pegasse, porque ela tem pressão alta, ou até mesmo eu, por causa da asma. Mas, em meio a esse caos, minha mãe chamou a mim e minha irmã e disse: "Deus falou algo comigo e nós vamos fazer um propósito que o apóstolo Paulo já fez". Eu pensei: vamos fazer uma campanha de oração "daquelas" no monte ou os votos que sempre fizemos, como o de tirar os brincos, a maquiagem, não beber Coca-Cola, etc.

."Vamos raspar a nossa cabeça. Vamos nós três raspar a cabeça. Foi isso que Deus falou comigo." Eu estava com o cabelo dos sonhos, loiro perolado, tinha gastado uma grana para chegar naquela cor. Talvez, alguém que esteja lendo este capítulo agora pense: "Nossa, um cabelo". Para mim, isso era importante. Eu aceitei o desafio, mas, dentro do meu coração, eu falei para o Senhor: "Deus, eu vou fazer isso, mas não deixe mais ninguém pegar esse vírus na minha família". Fizemos o teste de Covid e todos os resultados foram negativos, só o da minha mãe deu positivo. Fizemos o exame em uma sexta-feira, minha mãe ficou isolada no quarto do meu filho, e fomos para a oração e adoração 24 horas por dia. Na segunda-feira, repetimos o teste da minha mãe e o resultado já estava negativo, para a glória de Deus.

Dirigimo-nos a um salão de um irmão para cumprirmos o voto. Enquanto ele raspava as nossas cabeças, nós chorávamos e orávamos, crendo que o Senhor faria um milagre na vida do meu paizinho. Levamos os cabelos para o monte para queimar e orar e voltamos para casa crendo no milagre de Deus. Todos os dias cantávamos e declarávamos: "O meu milagre vai virar notícia". Foram vários dias cantando essa música. Não me recordo, ao certo, se foram 2 dias depois ou se foi no dia seguinte: meu esposo recebeu uma ligação do hospital dizendo que meu pai estava descendo para a enfermaria. Se tem uma coisa que mexe com os céus são os propósitos e votos. Deus não resiste quando votamos e cumprimos os nossos votos.

Foram 25 dias de muita angústia. No dia do aniversário do meu pai, ele estava intubado, mas nós cantamos parabéns, comemoramos o aniversário dele mesmo na sua ausência. Minha mãe já estava fazendo reuniões com as filhas e os genros, para passar as orientações sobre como seria o pós-óbito, pois a situação era gravíssima. A medicina não tinha esperança, as pessoas olhavam para nós e já nos viam como desamparadas. Nesse deserto que o Senhor permitiu que atravessássemos, a dor emocional foi muito grande. Houve muito choro, muita guerra e detalhes que não posso revelar aqui. Foi um nível de batalha espiritual jamais visto por mim. Minha casa era uma batalha não só pela vida do meu pai, mas pelas nossas almas, também. O inferno queria nos desestabilizar, para que não clamássemos.

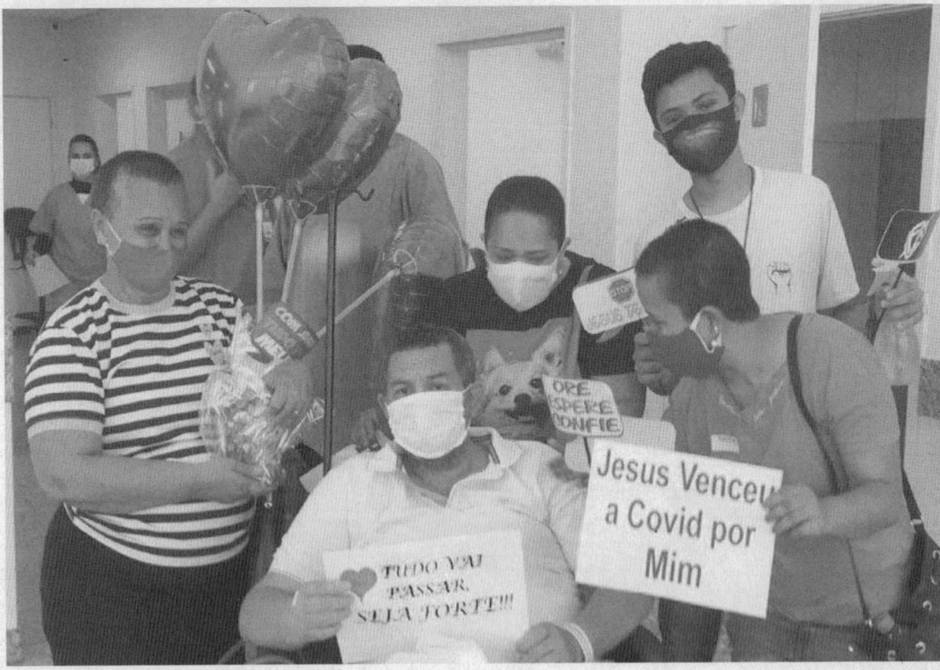

Orávamos na frente do hospital com os irmãos da igreja, levantávamos as mãos todas as vezes que íamos em direção ao quarto dele. A morte, então, teve que bater em retirada, pois Jeová-Sabaoth tinha entrado na guerra. Não existe situação que a oração não mude. Um exército de pessoas em todo o Brasil orava pelo meu pai. Com 25 dias internado, ele recebeu alta. O médico ligou e disse que ele estava com um problema na próstata e que ele iria para casa com uma sonda. Além disso, como ficou muito tempo deitado, perdeu os movimentos dos braços e das pernas. Teria que fazer fisioterapia.

Como eu chorava e agradecia a Deus: ele estava vivo e isso me bastava. No dia de buscar o bebezão – era assim que o chamávamos – fizemos balões e plaquinhas com frases motivacionais para ele. Quando eu, minha mãe e minha irmã, as três carecas, chegamos na porta do hospital com os balões, as flores e as placas, uma mulher de carro passou e olhou em nossa direção. Ela parou, deu meia-volta, e chegou até mim, dizendo: "Ei, o que houve com vocês? As três estão com câncer?". Eu disse que não, que fizemos um voto a Deus pelo meu pai. "Ele está saindo ali, veja!" Estavam trazendo meu bebezão na cadeira de rodas. Quando ela viu quem era meu pai ficou assustada, e disse: "Meu Deus, ele é seu pai?". Eu respondi que sim e ela fixou o olhar em mim e contou: "Eu acompanhei toda a história desse homem, ele é um milagre. Sou a diretora deste hospital. Pode me passar o seu contato?". Quando eu respondi que sim, ela afirmou que ia passar meu contato para alguns jornais e tvs, dizendo: "Você precisa divulgar essa história!". A notícia se espalhou. Todos queriam saber quem eram as filhas e a mãe que fizeram esse ato ousado pela vida do pai, e quem era esse guerreiro que conseguiu sobreviver à Covid.

Tudo o que nós cantamos virou sentença sobre nossas vidas, nosso milagre virou notícia. Você não é obra do acaso, você não é um acidente de percurso, você não é um rascunho que não deu certo: você é a maior criação do universo, você é o templo do Espírito Santo. Levanta a cabeça e vai. Você é filha do Rei, no meio de 8 bilhões de habitantes no mundo, Deus escolheu você!

Sim, a minha história é uma história de milagres e de restauração, não existe ninguém no planeta Terra que pode restaurar como o nosso Deus. O homem, quando terceiriza uma obra para restaurar, tudo o que ele encontra é defeito. Mas quando o próprio dono coloca as mãos nela, a restauração fica perfeita e ninguém nota que já foi quebrada e devastada algum dia. O tempo de restauração para sua vida é hoje.

Eclesiastes, capítulo 3, diz: "*Há tempo para todas as coisas debaixo dos céus, tempo de nascer, tempo de morrer, tempo de plantar, tempo de arrancar o que se plantou, tempo de chorar e tempo de sorrir*". Talvez, como Ana (I Samuel), já faz muitos anos que você tem chorado e sofrido com situações que já fugiram do seu controle. Existem situações na vida que não são naturais, que fogem da esfera humana. Talvez seja isso que você esteja enfrentando neste momento. Quero, portanto, que você saiba que você não está sozinha. Jesus disse em Mateus 28:20: "*Eis que estou convosco todos os dias, até a consumação dos séculos*".

Talvez, neste momento de dor, você pense que está sozinha, pois as pessoas que você mais ama e em quem mais confia te deixaram, ou não podem lhe dar o suporte necessário, neste momento. Quero que você saiba que quando o Senhor nos coloca em um deserto sozinhas, como foi o caso de Agar (Gn. 21), Ele não nos deixa sozinhas para perecer. Ele tira as pessoas de perto de nós para que possamos ouvir somente a voz Dele. Foi assim com João, na Ilha de Patmos, foi assim com Jonas, no ventre do grande peixe, foi assim com Jesus, na cruz. Os lugares solitários são os maiores ventres de milagres da história. Foi no deserto que Agar viu uma fonte de água que ninguém viu. Imagino que aquela água foi a mais saborosa que já existiu. Foi na Ilha de Patmos que João viu toda a revelação do apocalipse. Foi no ventre do grande peixe que Jonas fez a sua melhor oração. Acredite, você está exatamente no lugar que tem que estar: no centro da vontade de Deus.

Oração:

Pai, eu peço ao Senhor, neste momento, que visite a sua filha amada que está lendo este livro. Senhor, essa filha precisa de restauração. Senhor, a Sua palavra diz, no Livro de Efésios, capítulo 1, que nós temos a remissão dos pecados pelo Seu sangue. Perdoa os pecados dela agora. Pai, as dores da vida e o sofrimento fizeram com que essa mulher desistisse do Seu chamado. Mas eu peço ao Senhor agora: entra dentro desse lugar onde ela está, toca na alma e no espírito dela. Senhor, coloque-a de pé na Sua presença, restaura esse casamento. Senhor, dê a ela saúde física e emocional. Pai, entra agora com providência nessa causa. Senhor, nós sabemos que existem situações nas quais só um milagre é capaz de salvar e o Senhor é especialista. Em Lucas (1:37), a Sua palavra diz: *"Acaso há alguma coisa impossível para Deus?"*. Senhor, eu profetizo restauração agora! Profetizo vida, profetizo portas abertas. Senhor, que essa pessoa possa gerar em todas as áreas da vida. Em nome de Jesus, eu te abençoo.

Levante a cabeça, ainda há muita vida pela frente. Deixe Deus ser Deus na sua vida. A glória da segunda casa será maior do que a da primeira. Tudo o que você canta, tudo o que você declara com a sua voz vira sentença sobre a sua vida. Declare benção sobre você e sobre tudo aquilo que lhe pertence. *"A benção e a maldição estão no poder da língua"* (Provérbios, 18:21).

Eu profetizo: você vai viver milagres!

“Se o passado fosse bom, Deus teria criado uma máquina para paralisar o presente. Superar o passado é essencial para viver o novo de Deus.”

Polyana de Jesus

Raisa Aragão

Meu nome é Raisa Aragão, tenho 33 anos e sou natural do Rio de Janeiro.

Pedagoga com especialização em Educação Infantil, atuo como diretora adjunta, desde 2016, na rede pública de ensino. Sirvo na minha igreja local, a ADMRF (Assembleia de Deus Ministério Restaurando as Famílias), como missionária. Sou coordenadora do Restaurando Mulheres e Líder do Louvor.

raisaragaoo

Raisa Aragão

SAINDO DO CASULO, UM VOO PARA A MINHA REAL IDENTIDADE!

por Raisa Aragão

"Antes mesmo de te formar no ventre materno, Eu te escolhi; antes que viesses ao mundo, Eu te separei e te designei para a missão de profeta para as nações!" (Jeremias 1:9)

Entender os caminhos e a direção do Senhor não é uma tarefa fácil; no entanto, viver esse percurso é inevitável. Desde que engravidou, minha mãe decidiu em seu coração que, assim que nascesse a sua primeira filha, iria apresentá-la ao Senhor e assim o fez!

Nasci e fui criada no subúrbio do Rio de Janeiro. Com 3 anos, me mudei para o quintal da minha família paterna, onde vivi grande parte da minha vida. Esse quintal me traz doces e alegres lembranças de uma infância bem vivida, ainda que com dificuldades. Cresci com os meus pais, dois irmãos e minha querida e saudosa avó Maria Bezerra – quero destacá-la, pois ela foi fundamental na minha criação. Meus pais sempre trabalharam fora e foi a minha avó quem ajudou a me criar. Ela era nordestina e analfabeta, dotada de uma sabedoria singular e uma fé inabalável, com uma pitada de teimosia. Com seus contos, conheci o sertão do nordeste, descobri que um Rei brevemente voltaria e que segurar nas mãos de Deus sempre seria a melhor opção. Fecho meus olhos e consigo ouvi-la cantando: "Segura na mão de Deus, pois ela te sustentará. Não temas, segue adiante e não olhes para trás. Segura na mão de Deus e vai".

Eu não poderia imaginar o impacto que tais palavras teriam no decorrer da minha vida! Nem que a insistência em nos fazer beber a água da oração do meio-dia ou acompanhá-la nas campanhas da igreja faria parte do meu caráter cristão. Vale ressaltar que sua fé era tamanha que, para dor de garganta, nada melhor que uma colher de óleo ungido! Conheci a igreja de Cristo através dela e das minhas tias-avós, Onélia e Mirian, moradoras do quintal, na casa de frente. Com elas, conheci a Bíblia, e, em prática, o que é ser um cristão. Recordo-me de observar, com orgulho, a tia Onélia confeccionando materiais para o Ministério Infantil, escrevendo poesias e homenagens, enquanto tia Mirian chamava a atenção dela por estar contando pela milésima vez a mesma história! Foram elas que me levaram tantas vezes para a Escola Bíblica de Férias. Amava participar desses encontros, mas, claro, os lanchinhos no final faziam toda a diferença!

O servir a Cristo com dedicação e alegria sempre foi a marca delas. Elas sempre me ajudaram em tudo, não só na caminhada cristã. A base, que em alguns momentos faltou na minha casa, encontrei nelas. Não posso me esquecer de outras mulheres fundamentais: tia Noêmia, tia Maria e tia Marilda, cada uma delas teve um papel especial na minha vida.

Apesar de toda essa rede de apoio, cresci em uma família disfuncional. Meus pais sempre trabalharam muito para nos dar o básico. Até os meus 12 anos havia minha avó, que dava o suporte, mas quem sempre correu atrás, ou melhor, na frente, foi minha mãe, Rosenilda. Uma mulher trabalhadora, que já teve jornada até de três empregos para poder sustentar seus filhos. Meu pai, Gesimar, ou Orelha, ou Greg, como quiser chamá-lo, sempre foi um *bon vivant*, que levava a vida de boa, amava a praia e o Arpex (para você que não conhece o Rio de Janeiro, é assim que um bom carioca chama o Arpoador!). Ele sempre foi um pouco mais contido no que se refere ao trabalho. Mas a vida não foi fácil, ainda mais quando não estamos na presença do Senhor – e meus pais nunca estiveram. Minha mãe ia, voltava, mas o que a dominava, infelizmente, eram os vícios em cigarro e bebida, que sempre causavam estragos. Quando eu tinha 10 anos, meus pais se separaram. As brigas e discussões já eram constantes e 3 crianças vivenciando aquilo não era saudável.

No dia 30 de dezembro de 2005, comecei a perceber, de fato, que a vida é breve. Minha avó dormia no corredor que dava para a cozinha e todos os dias eu passava e verificava se ela estava respirando. E ouvia um grito: "Garota, eu estou viva!". Mas nesse dia ela não me respondeu, ela havia partido como um passarinho. Parecia que estava dormindo, foi atormentador, triste. Ela me amava, fazia uma canja que até hoje não comi igual. Mas uma certeza eu tinha: na eternidade nós iríamos nos encontrar. Nessa época, eu já estava na adolescência, cursando o Ensino Médio Normal – Formação de Professores, que já foi pela mão de Deus, pois era muito difícil de entrar. Contudo, os propósitos divinos inevitavelmente se cumprem! Porém, não estava frequentando a igreja. De alguma maneira, não achava que era mais tão legal, pois agora dependia só de mim: não seria mais levada, eu tinha que querer e não queria.

Essa foi uma época de transição na minha casa, meus irmãos estavam crescendo: Matheus e Victória, nomes escolhidos por mim. Matheus, o irmão do meio, e Victória, a mais nova. Coitados, com a partida da minha avó eu me tornei responsável por eles. Às vezes, eles tinham que fazer a janta ou fritar alguma coisa, passaram por perrengues, mas sobreviveram! A vida continuava difícil, às vezes tínhamos só arroz e ovo para comer. Tia Onélia comprava o pão da tarde, e, por vezes, nos salvava!

O tempo passou e eu me formei. Estava chegando à maioridade, logo aquela que nunca quis crescer. Mas crescemos e, com o tempo, podemos ressignificar nossa maneira de ver e compreender a vida. Com 18 anos, terminei o Ensino Médio e logo busquei trabalho. Não porque eu queria, mas porque era necessário. No meu aniversário de 18 anos, fiz a minha primeira entrevista de emprego. E, assim, comecei a temida vida adulta: ajudando em casa e comprando minhas coisas. Como a situação financeira não era boa, herdava algumas roupas e, por ser fora do padrão, sempre vesti o que cabia, não o que eu gostava.

Com apenas 4 meses no primeiro emprego, o Deus que me separou desde o ventre preparou algo especial. Eu havia feito o Enem e naquela época existia um programa de bolsas de estudos em faculdades particulares. Minha nota não foi tão alta, mas pude me inscrever para o curso de Pedagogia em algumas universidades. Assim, consegui uma bolsa integral de estudos! A menina sem perspectiva virou estudante de Pedagogia. Foi uma nova etapa: durante os 4 anos da faculdade mudei de vários empregos até me encontrar. No penúltimo ano, consegui um trabalho bom, o que eu ganhava era o suficiente para ajudar em casa, bancar os custos da faculdade e, ainda, gastar com várias bugigangas da Rua da Alfândega.

Em janeiro de 2009, eu estava de férias, no último ano da faculdade. Naquele momento, queria saber se, de fato, seguiria a carreira na área da Educação, já que não estava trabalhando nesse setor. Faltando alguns dias para o fim das férias, antes de dormir, falei com o Senhor que gostaria de uma resposta Dele, pois queria focar na minha formação. No dia seguinte, meu telefone tocou: era um colégio renomado me oferecendo uma vaga de estagiária, com ajuda de custo! Na hora eu aceitei, chorei e agradeci, pois mais uma vez Deus mostrou para mim sua bondade e seu zelo. Além disso, revelou que Ele ouve as nossas orações! Aconteceu, portanto, o que queria. Não voltei das férias e, antes do mês de janeiro acabar, já estava dentro do colégio trabalhando. Ali eu entendi, de fato, que ser professora é a minha missão profissional. Foi desse modo que iniciei a minha jornada na Educação, como estagiária, cursando o último ano de Pedagogia.

Em março de 2011 me formei. Que sensação de dever cumprido! Nesse mesmo ano, Deus começou a me ensinar que Ele sempre foi o suficiente na minha vida, ainda que eu não reconhecesse isso. Experimentei vários momentos de tristeza profunda, minha Tia Mirian partiu, deixando um vazio. Passei por um turbilhão de emoções, minha vida sentimental estava um caos, uma "cama de gato", da qual não conseguia de jeito nenhum sair. Então, a tristeza começou a inundar o meu ser, emagreci muito. Eu sempre fui gordinha, o espelho nunca foi o meu amigo, ou melhor, eu nunca fui amiga dele. Ser gorda para mim não era legal, mas eu não conseguia assumir isso, só quando, por diversas vezes, me matriculei em academias – frequentava o lugar por uma semana e depois sumia. Deus começou a me mostrar a sua suficiência. E, como está em Joel, "Diga o fraco: eu sou forte". Percebi que havia dois caminhos na minha frente: continuar como eu estava, me afundando em uma depressão, ou seguir o caminho que me foi apresentado enquanto jovem, o único caminho: Jesus!

Assim, em janeiro de 2012, a grande virada na minha jornada estava prestes a acontecer! Comecei a experimentar o Jesus de que sempre ouvi falar e comecei a fazer parte da igreja que eu admirava. E a decisão mais importante da minha vida eu estava prestes a tomar: batizar-me! Sempre julguei extremamente importante essa decisão; quando via alguém ser batizado sem continuar nos caminhos do Senhor, eu me irritava e me entristecia. Até hoje é assim. Dizia comigo: "No dia que eu me batizar será para sempre! Vou dedicar inteiramente a minha vida a Jesus!". E assim tem sido até hoje! Cheguei à ADMRF e fui muito bem recebida pelos meus pastores, Wagner e Luciana, que são a minha referência. Amo, admiro e respeito muito os dois. Minha vida em 3 meses já havia mudado. Após uma palavra liberada pelo meu pastor, fui, na mesma semana, nomeada e convocada para trabalhar como professora na Prefeitura Municipal do Rio de Janeiro. Sim, agora eu sou funcionária pública.

A partir daquele momento, o horizonte de Deus começou a ser aberto na minha frente; o que sempre admirei, comecei a fazer: trabalhar na obra do Senhor, estar totalmente envolvida na igreja, com alegria e dedicação. Internamente, comecei a ser curada, a alegria havia voltado. Voltei a sorrir de verdade! Como dizem as Escrituras: *"Aquele que está em Cristo, nova criatura é"*. Com isso, algumas crenças precisavam ser vencidas. O meu maior gigante sempre foi eu mesma. Carregava comigo traumas e abandonos que nunca haviam sido de fato assumidos e confessados, para que fossem tratados e vencidos, pois esse é o caminho. Tinha uma imagem distorcida de mim mesma e eu só buscava e esperava dos outros – tinha uma dependência emocional de terceiros que só me fazia mal. Acabava assumindo uma identidade que não era a minha, pois precisava ser aceita de qualquer maneira, ainda que fosse necessário anular as minhas decisões, ideias e meus sentimentos. Enfim: eu nunca havia sido eu mesma, de verdade. Apenas Jesus sabia quem eu realmente era. E hoje entendo que tudo o que estava prestes a acontecer era Ele me mostrando que eu precisava saber quem de fato eu era, para então alcançar o que de fato era meu! Para aqueles que estão na direção de Deus, viver os seus propósitos é inevitável.

Em março de 2019 eu completaria 30 anos! Idade da mulher madura, só que não –mas começaria o caminho para a maturidade. Meu sonho sempre foi conhecer a Disney e todo o seu encanto – vale ressaltar que sou conhecida pela minha melancolia e pelo meu apreço por comédias românticas. Planejei uma viagem para Orlando, no entanto, tive o meu visto negado. Que tristeza e frustração, ali começava a ressignificação de muitas coisas na minha vida. Recalculei a rota e fui para a Europa. Visitei alguns países, vi a Torre Eiffel e sim, conheci o Mickey! Ao retornar da viagem, tive que lidar com algumas negativas. Saí do cargo que eu ocupava, com muita tristeza; mas, exercendo a resiliência que insiste em fazer parte de mim, venci! O ano de 2019 acabou e eu comecei a entender que Cristo sempre foi suficiente, e que alguns "nãos" são necessários para o nosso crescimento.

Já o ano de 2020 começou cheio de expectativas que foram reduzidas a pó, com a chegada da Covid 19. Fechou tudo, ficamos em casa, morte, dor, agonia, aflição, o mundo parou. Mas, em meio à crise, vimos Cristo resplandecer, ainda que com tudo fechado, foi o período em que eu mais cresci espiritual e ministerialmente! E, sem perceber, estava sendo curada das minhas crenças, dos meus medos e traumas. Nesse tempo, o Restaurando Mulheres teve um papel fundamental. Só Deus vê crescimento em meio ao caos. Vivi experiências sobrenaturais ao lado da Pastora Luciana. Que privilégio ver tudo o que Deus prometeu se cumprindo. E a Raisa, parecia, enfim, estar amadurecendo de fato. A terapia teve papel fundamental em toda essa mudança –aliás, Monique, obrigada! Ao final de 2020, tomei uma decisão crucial, fui morar sozinha, um grande passo!

Mas ainda tinha algo a ser mexido. A obesidade é uma doença que precisa ser tratada. Desde pequena fui obesa, e entendi que esse era o grande gigante a ser vencido, pois ele interviria em toda a minha vida. O sonho de encontrar o príncipe encantado não vai acontecer enquanto a princesa não se amar e se autoconhecer. Mas estava caminhando para isso: Deus falando, Deus cumprindo. Em agosto, tomei uma decisão crucial: fazer a tão temida cirurgia bariátrica – temida para mim, pois criava milhões de situações existentes apenas na minha cabeça. O processo foi rápido; logo, voltei para o cargo que ocupava, mais uma honraria de Deus na minha vida, me provando o quanto eu sou capaz. Voltei em um cenário desafiador, mas entendi que, assim como Ester, eu havia sido levantada para aquele tempo. Voltei madura, cresci e enfim: a lagarta estava prestes a virar borboleta.

Em dezembro, fiz a cirurgia; a partir de então, tenho vivido coisas novas e surpreendentes da parte de Deus. A maturidade chegou, fui restaurada por completo. Hoje, entendo quem eu sou e para onde eu quero ir. Pela primeira vez, nesses 10 anos de caminhada, sinto-me preparada para constituir uma família. Sim, é possível: são 10 anos de espera, oração e santidade! Ao compreender quem eu era, entendi, de fato, o que é meu. Entendi também que quem entrega o seu caminho ao Senhor, inevitavelmente, irá viver os propósitos!

"Precisava saber quem de fato eu era para, então, alcançar o que de fato era meu!"

Raisa Aragão

Raquel de Assis

Eu sou a missionária Raquel de Assis, sou filha amada de Deus, casada com o pastor Marcelo de Assis; juntos, servimos à Igreja do Nazareno no Cabral, sob a liderança dos meus amados pais reverendos Robson e Angela Dinis.

Atuo diretamente discipulando e mentoreando jovens mulheres desde 2016, apontando um caminho de crescimento e excelência na caminhada com Deus. Sou ministra de louvor e pregadora da palavra.

Você pode me acompanhar no meu Insta @raquelhellendeassis. Ali encontrará *lives* semanais, mensagens curtas que vão te abençoar e te encorajar e um projeto incrível para mulheres que querem viver à altura da identidade que Cristo conquistou na cruz para elas.

Minha missão é te ajudar a descobrir quem Deus te chamou pra ser.

raquelhellendeassis

UMA IDENTIDADE RESTAURADA LIBERA UM DESTINO DE VITÓRIA

por Raquel de Assis

"Uma mulher forte é alguém que está andando na identidade que Deus lhe deu."
Kris Vollaton

A família é o lugar que foi planejado para o desenvolvimento de uma identidade saudável, onde podemos ser nós mesmos com nossos defeitos e qualidades. São nossos pais, irmãos e pessoas mais próximas que nos entregam a primeira lente que enxergamos o mundo. A partir desse contexto, nosso nome é escolhido, nós aprendemos sobre amor ou a falta dele, sentimentos de pertencimento ou deslocamento, aceitação ou rejeição, presença ou abandono e tantas outras bases que são fundamentais para o desenvolvimento de um ser humano saudável e preparado para vencer este mundo.

O DEUS que vive em comunidade, em relacionamento, nos fez à Sua imagem e semelhança para que pudéssemos experimentar desse amor de família, no entanto, sabemos que desde que o pecado entrou no mundo, o inimigo de nossas almas ataca diretamente a família e seu desenvolvimento. O plano é matar e destruir a imagem de Deus e a melhor forma de fazer isso é atacando as famílias. Talvez, ao ler essas linhas, você esteja se dando conta de que nessa guerra contra as famílias, contra a imagem e semelhança de Deus em nós, você foi profundamente atingido. Essa também é a minha história.

Era o início do ano de 1991 e o casamento da minha mãe, que já vinha ruindo, chegou ao fim. De uma forma trágica e traumática, muitas decepções e aquele sentimento de fracasso peculiar desses momentos. A última coisa que ela desejava e até o que temia aconteceu: ela descobriu uma gravidez, justo nesse momento de solidão e abandono. Diante desta descoberta não houve alegria, muito menos celebração. Era um silencio, tristeza e, talvez, até um pouco de desespero. Ela seguiu com a gravidez sozinha e o medo de ter um filho homem que trouxesse à memória toda a lembrança do que o pai da criança fez a levaram a uma tristeza profunda e rejeição pela criança em seu ventre.

Ao longo desse capítulo, quero mostrar para você alguns rótulos e mentiras que eu acreditei e que marcaram minha história.

1- Rejeição

A rejeição trouxe marcas profundas em minha alma, apesar da minha mãe ter me amado com toda sua força desde a primeira vez que mexi em seu ventre, mesmo com meu pai Robson que me adotou em seu coração e fez por mim o que um pai de verdade faz, a marca estava lá. Eu sabia que não havia sido planejada, que nasci no meio da dor da minha mãe e dos piores dias e traumas de sua vida. Essas mentiras foram tudo que eu consegui enxergar por longos anos, a rejeição altera nossa percepção de valor. Eu não me sentia digna da vida e acreditava que jamais seria aceita completamente ou amada. Nós vivemos em uma geração órfã de pais vivos, seja uma rejeição completa em que um dos pais abandona o lar, ou na rejeição emocional, em que os pais não dão o amor para essa criança.

Quando uma pessoa sofre uma rejeição logo nos primeiros anos de vida, isso interfere na forma como ela vê o mundo, no modo como se relaciona com as pessoas. É uma lacuna que fica aberta para sempre, caso a pessoa não busque ajuda, principalmente em Deus, a rejeição paterna afeta, principalmente, como nos relacionamos com Deus. Minha mãe, que já era cristã, continuou com Jesus e teve sua vida restaurada por Ele. Um novo casamento, filhos, um ministério que abençoou muitas vidas e famílias. Eu cresci nesse ambiente de muita fé e busca por Deus e já demonstrava, desde criança, um interesse genuíno em conhecer mais o Senhor. No entanto, existia uma lacuna que persistia em pesar meu coração, uma dor, um vazio. Eu era apaixonada por Jesus, tinha uma relação próxima com o Espírito Santo, mas DEUS PAI. Ah, DEUS PAI!

Ele estava sempre ali, mas eu não conseguia me aproximar, não o deixava entrar. E como você conhece alguém com quem não se relaciona? Ele estava ali, pacientemente, batendo a porta, mas meu coração ferido e endurecido não o permitia entrar. Chegou a adolescência e com ela uma depressão, porque eu aceitei mais um rotulo mentiroso de Satanás.

2 - Deslocamento

No auge da depressão, por volta dos meus 15 anos, passei por aqueles dias em que queremos saber quem somos, de onde viemos, queremos fazer parte de um grupo, ter nosso lugar no mundo. Todos os questionamentos enterrados em meu coração começaram a vir à tona naquele período, a menina que amava buscar a Deus estava decepcionada com o fato dEle ter permitido que coisas ruins acontecessem a ela. Eu olhava para minha família e sentia que não havia espaço ali para mim, mesmo cercada de amor. Tinha amigos, mas nada conseguia aplacar aquela sensação de falta de lugar em meu coração.

As escrituras nos mostram a história de Jacó, ele nasceu segurando o calcanhar do seu irmão e seus pais lhe deram esse nome. Seu nome não era enganador, seu nome era ***Yakov*** (significa: "calcanhar"). Você pode imaginar comigo: Jacó criança e a história sendo contada de forma cômica, que ele puxou o pé do seu irmão, tentou passar a frente. A mesma história repetida, por diversas vezes e a partir disso, vários apelidos. E a história que era inocente começou a se tornar um rótulo, todos começam a falar o quanto ele é espertinho, quer sempre ter vantagem. Uma mentira que tirou dele sua própria identidade, ele já não se via mais como imagem e semelhança de Deus. E, de repente, passou a viver a partir de um rótulo, de uma mentira, enganou seu irmão, enganou seu pai.

O maior desafio quando nos deparamos com nossas mazelas, é sair do lugar de vítimas. Não podemos mudar o nosso passado, mas não somos definidas por Ele. O que nos define é o que Deus diz ao nosso respeito, e ficar remoendo os dias difíceis da nossa história só nos faz ficar presas e paralisadas. Quando percebi isso, fui buscar toda ajuda necessária.

Apesar dos dias sombrios que as doenças emocionais trazem, eu sempre tive muita sede de viver, de ser curada. Era inadmissível para mim terminar a vida daquela forma, então comecei a trilhar o caminho da minha cura.

No ano de 2010, ingressei no seminário de treinamento ministerial Diante do Trono, foram 2 anos na olaria do Senhor. Sendo confrontada, discipulada, exortada e amada por Deus através de obreiros e amigos. Nesses dias em que começava a ser treinada para o meu chamado, também era tratada. No entanto, sabemos que o processo de cura pode ser lento e doloroso e depende muito de nós, de nossa abertura e disponibilidade em se entregar ao processo. É como diz aquela passagem: *"Eis que estou a porta e bato, se alguém abrir e me deixar entrar, cearei com ele, e ele comigo."* Ap. 3:20

Jesus está disponível para nos curar, mas Ele vai na medida em que nos rendemos, na medida em que reconhecemos o quanto precisamos dEle e confiamos em SEU amor.

Meu processo não foi rápido e faço questão de te contar isso para que você saiba que não está sozinha. Por tantas vezes olhamos histórias de superação e imaginamos que acontece para todos, menos com a gente. Olhamos o resultado de alguém e nem imaginamos o processo, o preço pago. Eu tinha apenas 18 anos quando fui para o seminário e, como uma menina sonhadora, eu imaginava que os meus problemas seriam resolvidos, que eu seria curada como em um passe de mágica. E como você pode imaginar, não foi assim.

No final do primeiro ano, depois de vários episódios de pânico, eu não saía para a rua sozinha para nada, muitos pesadelos onde pessoas queriam me matar, fui passar por um processo de cura interior. Ali, nós contávamos nossa história para depois sermos ministrados nas áreas que precisávamos de cura, no entanto, eu contava os dias mais tristes e pesados da minha vida como se fossem uma história que eu tinha lido em um romance. A dor tinha me anestesiado, todo aquele lixo de ressentimento tinha sido jogado em um buraco tão profundo que eu já não reconhecia mais. Dizer que superamos situações que não resolvemos, não é superar. Isso se chama mecanismo de defesa, isso é fugir do problema. É preciso olhar francamente no espelho, sem máscaras, encarar onde dói e correr para Aquele que cura nossas feridas. Sem isso, você vai parar no meio do caminho, vai ferir pessoas e vai reproduzir o que fizeram com você. A partir do momento que entendi isso, meu processo fluiu e eu pude começar a ajudar outras meninas, jovens e mulheres. As suas cicatrizes te habilitam a cuidar de outras pessoas, as feridas, não.

A cura que recebi começou a transbordar no ano de 2015, eu já servia em algumas áreas da igreja local como louvor, aulas na Escola Bíblica Dominical (EBD), mas meu coração queimava mesmo em mentorear e discipular mulheres. E com essa paixão no meu coração, comecei a fazer um encontro semanal com duas amigas que estavam fracas na fé e pediram ajuda, todas as quartas estávamos orando e buscando a Deus. O que começou com 3 pessoas, tornou-se em um grupo de mais de 30 jovens, ali comecei a desenvolver um trabalho efetivo de discipular essas meninas. A conexão veio do compartilhar, tanto da Palavra quanto dos processos de cura que o Senhor já estava fazendo em mim. Foi lindo ver Jesus restaurando vidas e confirmando meu chamado, nesse ambiente nasceu o congresso "Curadas Para Curar", uma noite linda de cura! Foi marcante em tantos aspectos, mas algo em especial o Senhor me falou naquela noite. Eu sempre tive um sonho de constituir família, mas tinha me tornado especialista em criar muros em volta do coração.

À espera da promessa

Um sonho que sempre esteve em meu coração foi o de construir uma família, mas a minha falta de confiança no amor perfeito de Deus não me permitia descansar em SEU cuidado. Foram decepções, incertezas, espera, desesperança e mesmo na minha independência pecaminosa, Deus nunca me abandonou. O amor do Pai sobre a minha vida realmente me constrange, quando olho para minha história vejo seu cuidado em me livrar, sua paciência em me ensinar e corrigir.

Aqui posso dar uma ênfase especial sobre o corrigir de DEUS para conosco; o profeta Jeremias quando chegou na olaria percebeu que, enquanto o barro era moldado pelo oleiro, se quebrou em suas mãos. As Escrituras fazem essa comparação conosco, ser como um barro nas mãos do OLEIRO MAIOR: DEUS. O processo de moldar o barro passa por etapas: se estiver muito seco, precisa ficar de molho, depois passa pelo processo em que o rolo abre esse barro e a faca o fere com riscos, para tirar qualquer pedrinha que atrapalhe esse processo. Quando esse barro vai para a roda ser moldado, o oleiro pode desmanchar quantas vezes forem necessárias, até que tenha o formato que ELE planeou. Esses processos certamente são desconfortáveis a nós e talvez você esteja me perguntando o porquê dessa ilustração.

No auge da crise dos 25 anos, momento que imaginei já estar no terceiro filho, eu perguntei ao Senhor: Por que ainda não me casei? Será que o Senhor não tem ninguém para mim? Para minha surpresa, o Senhor me disse que eu ainda não estava pronta, mas não se engane, a resposta não veio imediatamente, tão pouco foi bem aceita. Alguns anos se passaram para que eu entendesse que precisava me entregar ao oleiro, ao projeto era DELE e eu não poderia ditar qual seria o formato. Ele me quebraria quantas vezes fossem necessárias, porque Ele era o meu Dono e muito me amava.

Entender essas verdades e obedecer ao Senhor mudou toda a minha história, eu comecei a quebrantar o meu coração e pedir ajuda ao Senhor para entrar na sua forma. Comecei um autoexame para entender o que o Espírito Santo queria me mostrar. Foi uma mudança de dentro para fora. Se eu não permitia o amor do Pai me tocar, como saberia ser amada pelo meu futuro esposo? Se eu não conseguia confiar no cuidado de Deus e fazias as coisas do meu jeito, como confiaria em um homem falho? Essas e tantas outras questões foram curadas dentro de mim, enquanto eu buscava ao Senhor e servia ao Reino. E quando eu menos imaginei, o Senhor trouxe meu esposo, de um jeito tão doce, tão especial, numa união de propósitos tão linda. Ele é a primavera da minha vida e tudo o que eu esperei por tanto tempo aconteceu em pouco mais de um ano e eu comecei a entender o porquê de alguns processos em minha vida.

A nossa história só está no começo, mas eu e meu esposo somos a prova viva de que Deus restaura pessoas, muda destinos e decretos. ALELUIA!

Quero te encorajar a buscar do Senhor o que precisa mudar em você, a se entregar em Suas mãos como um barro, deixá-lo curar suas feridas, limpar sua alma e te dar a forma que Ele planejou para você. Do jeito Dele é sempre melhor.

O último estágio da olaria de Deus, é colocar o vaso no forno, é ali, em altas temperaturas, que somos realmente provados. Se as pedrinhas e as impurezas não forem retiradas, o vaso explode e não tem mais concerto. Por isso, não fuja dos seus processos com o Senhor, pelo contrário, busque-o.

A vida abundante que Deus tem para você está a poucos passos da cruz de Cristo, confronte essas crenças mentirosas com a palavra de Deus. E use cada pedra do seu passado para construir degraus e sair desse castelo de mentiras que o inimigo te aprisionou. *"Foi para liberdade que CRISTO nos conquistou."* Gal.5:1

Finalizo este capítulo com gratidão no coração, porque será o primeiro de muito do que Senhor ainda fará. Agradeço a Deus por tudo: cada lágrima, cada dia difícil e cada cicatriz; elas, aliadas aos dias felizes, me trouxeram até aqui e me tornaram a mulher que eu sou hoje. Agradeço ao meu Senhor Jesus que em seu obstinado amor, nunca desistiu de mim. À Ele seja a honra, gloria e louvor e todos os meus dias.

As suas cicatrizes te habilitam a conduzir outras pessoas pelo caminho da cura.

Raquel de Assis

Raquel Marques

Me chamo Raquel Marques, casada a 25 anos com Eliel Cabral, nossos presentes: Micael, 22 anos e Rafael, 17 anos. Meus pais amados são a pastora Ivana e bispo José Alfredo.

Lidero jovens há mais de 15 anos na Assembleia de Deus do Amor, no bairro Realengo, no Rio de Janeiro, onde em cada parte há um pouquinho de mim. Sou pastora de jovens, psicanalista, psicóloga, professora, coordenadora e palestro para mulheres.

Meu propósito é ampliar a rede de pessoas saradas para sarar outras, dar cor ao que estava sem vida e brilho ao que estava apagado, acreditar no desacreditado, potencializar horizontes e resgatar a essência humanizada de cada um.

psicraquelmarques

psicraquelmarques@gmail.com

Psic Raquel Marques Oficial

(21) 97045-1809

SOLIDÃO NÃO É BOM. INDIVIDUALIDADE, SIM!

por Raquel Marques

Sempre estive cercada por pessoas. Por mais jovem que eu fosse, ouvia cada uma delas pacientemente e as conduzia ao enfrentamento de seus problemas. Todas as pessoas com quem me relacionei contribuíram para eu ter me tornado quem sou, algumas me marcaram tanto que me deram polimento. Quando pensei que não conseguiria sobreviver, me destaquei. Por mais difíceis que tenham sido algumas relações que vivi, elas valeram a pena. Por isso, agradeço a Deus por colocar em minha vida pessoas tão difíceis de conviver, pois as suas características despertaram em mim a busca pelo conhecimento, para compreender melhor essas relações. Com isso, o inesperado aconteceu: encontrei meu propósito de vida. É claro que ainda estou em busca de conhecimento e penso que tudo o que sei é pouco diante do que desejo aprender, porém, a cada dia me realizo e me reinvento.

Na tentativa de compreender essas relações, aprendi que são baseadas em trocas, e, sendo mais específica, "dar e receber". A frustração se instaura quando damos e não recebemos, gerando expectativa. Aquele que fica no aguardo possivelmente se distancia, pois, em decorrência dos desentendimentos, o isolamento lhe traz conforto. Mas isso é um equívoco: na realidade, se você enfrentar com leveza o conflito, saberá que essa foi a melhor forma de conduzir uma situação crítica. Porém, lembre-se: você precisa ter ciência do seu estado emocional. Se não estiver em condições, afaste-se, busque se recuperar e, de cabeça fria, com menos emoção, terá mais clareza para conduzir uma situação.

Em um relacionamento frustrado, pode-se dizer que a expectativa não foi atendida em sua essência. As relações permissivas, dominantes, dependentes e muitas outras que não são sadias, podem gerar doenças psicossomáticas. É fato que muitas pessoas superam seus conflitos, trabalhando suas frustrações. Outros dois grupos de pessoas vivem assim: no primeiro, estão aqueles que não superam, permanecem enfermos na alma e no corpo. Procuram manter suas relações e evitam o isolamento, essas pessoas sofrem, mas são duras na queda. Outras também superam e elaboram, porém se isolam, querem evitar repetir o sofrimento.

Eu conheço bem esse sentimento, mesmo cercada por pessoas, vivi o isolamento, perdi expectativas sobre mim, até minha voz e corpo éram indesejáveis. Minha mente foi levada aos piores caminhos. Mas foi nesse lugar horrível e enxergando meu estado que escolhi mudar, e essa é a única saída para que você jamais volte a esse lugar deprimente. E após me perceber busquei me amar e decidi parar de remoer sentimentos que foram colocados em mim, busquei minha essencia e vi que por mais fundo que fui eu precisava desejar sair, e esse foi o primeiro passo para minha meu desabrochar, alimentei pensamentos que me encorajavam e me motivavam á mudança e percebi, que por mais ajuda que tive ninguém chegaria ao lugar que eu mesma precisava me ver e lutar por mim.

Vivemos para a família, para o consumo, para a moda, a política e até para a religião, mas e sobre você? Você viveu esses momentos com qualidade e satisfação ou teve angústias? A vida é o nosso bem maior e somos presenteados por Deus. Ao estudar teologia, compreendi a finitude do ser humano e o poder maior que está em Deus. Anos depois, por meio da psicanálise, pude entender melhor o ser humano em sua subjetividade. E, com a psicologia, percebi que nossa natureza nos impulsiona à convivência social, mas o medo e a forma como olhamos os outros nos limitam, excluem, eliminam pessoas. A vida é uma troca, onde deixamos um pouco de nós nos outros e dos outros em nós, saber extrair o melhor do outro e oferecer nosso melhor esse é um desafio, para muitos, inalcançável.

Mas vamos entender melhor algumas relações. Por exemplo, temos a expectativa de mãe com relação aos filhos, na qual ela vive para realizar os desejos e projetos de sua prole. Faz tudo para esses filhos, dando-lhes suporte para que estudem, trabalhem, descansem, se alimentem, namorem, pratiquem esportes, etc. Ou seja, ela faz tudo da melhor forma possível para que veja o sucesso deles, esperando, no mínimo, que eles sejam gratos aos caprichos de mãe. Vamos pensar em uma relação amorosa, na qual uma parte ou ambas vivem para o outro. Querem satisfazer o outro, arrumar-se para o outro, ficar belo/a para o outro, deseja ter o outro por perto a todo momento, prepara momentos ou alimentos para curtir com o amor de sua vida, etc.

O conflito só se instaura quando se faz demais, seja em uma dessas duas situações que citei ou em outras. As reservas psíquicas desse doador se esgotam e a angústia se enraíza, gerando a sensação de que só ele se doa, só ele faz, que ninguém o valoriza e de que existe uma total ingratidão por parte dos outros.

Essa observação que expus aqui, confesso, no início era bem confusa – até pela imaturidade e falta conhecimento – mas valeu a pena, pois o que não estava claro gerou o anseio por compreender as pessoas e suas relações, além de revelar meu propósito de vida, que a cada dia me conduz a perspectivas maiores.

Percebi que muitas pessoas não estão nas relações só por estarem, mas por sentirem que têm algo a receber. Isso faz parte da vida, receber é maravilhoso; porém, receber algo bem abaixo da sua expectativa não é nada bom. É aí que entram as frustrações. Pude observar que as pessoas que vivem sozinhas, em sua maioria, justificam o isolamento de duas formas: reúnem todas as suas expectativas em si mesmas para viverem melhor ou perderam a expectativa sobre si próprias e as depositam nos outros.

Pensemos nas relações de amizade, de estudo, entre irmãos, entre pais e filhos, entre patrão e empregado, entre cônjuges e casais de namorados. Em todas elas, e em muitas mais que eu poderia citar, obtiveram sucesso aquelas em que houve investimento de ambas as partes; isto é, todos investiram na relação.

Por inúmeras vezes, dei o meu melhor ao próximo e tudo que fiz em exagero foi desperdiçado ou explorado, quando nós não achamos nosso limite damos ao próximo a liberdade, e isso poder ser dolorido demais. Só você sabe seu limite, e isso só acontece quando você passa a se conhecer. Quero salientar que, qualquer relação com o próximo só será saudável quando seu sucesso pessoal existir. Ou seja, uma pessoa que investe em si mesma, em sua identidade, personalidade, saúde física, em seu emocional, em sua aparência e em suas realizações intelectuais tem reservas para tirar de si e investir no outro. Caso contrário, estará fadada ao fracasso. Para se dar para alguém, antes de tudo, devemos estar bem nutridos em nosso eu, em nós mesmos, quando se doa demais aos outros, ficamos sem reservas, e fará falta em si esse excesso dedicado ao outro.

Observe que quando esse filho, cônjuge, amigo, entre outros, segue em busca de novos rumos, a pessoa que tanto se doou ao outro fica sem chão. Sua vida passa a não ter cor, brilho ou sentido. Explicarei melhor: tudo o que tenho e sou tem que ser suficiente em mim. Quando dou o que não tenho, tal ausência gera desamparo e frustrações permanentes. As expectativas que crio sobre o outro, na verdade, dizem respeito a algo que não fiz, ou não pude realizar e desloquei ao outro. Tudo o que espero do outro, na realidade, diz respeito ao que eu deveria realizar primeiro em mim mesmo.

A síndrome do ninho vazio é um exemplo da perda de expectativa quando os filhos se vão. O lar parece não existir. Você compreende a proporção do investimento nas expectativas sobre os filhos? A traição ou a morte também é um exemplo de perda da expectativa, quando a pessoa se dá conta de que se dedicou demais e viveu de menos. O desemprego, a falência ou a aposentadoria, da mesma forma, são exemplos de perda de expectativa, pois a dedicação ao trabalho era a motivação para se levantar da cama rumo a uma jornada intensa. Dar tudo de si sem limites gera adoecimento psicossomático e milhares de pessoas não estão percebendo que estão caminhando para isso.

Minha individualidade diz mais sobre quem eu fui, sou e serei. A questão é que as pessoas buscam relações sem nem saberem quem elas são. Com múltiplas questões não resolvidas, desesperadas e em sofrimento psíquico, envolvem-se em relações que podem ser abusivas não porque querem, mas porque buscam o que falta em si mesmas e que o outro se propõe a dar. O desejo de ser amado, de sentir-se completo, ser acolhido, atendido, bem tratado e elogiado jamais será suprido se você entrar em uma relação com tantas expectativas. O esperado jamais será suprido e a necessidade será a cada momento aumentada.

A busca por afeto e atenção, desde a menor idade, não nasce conosco. A necessidade de nutrição é inata, nasce conosco de forma primária. Entretanto, amar é algo a ser aprendido. Ao nascermos, não necessariamente seremos amados, muito menos nasceremos amando. Esses sentimentos são aprendidos a partir das relações primárias e a cada relação eles são trabalhados, aprimorados ou frustrados.

Então lhe pergunto, como são suas relações? Meu propósito aqui é conduzi-lo a uma reflexão mais subjetiva a respeito de si mesmo, no que diz respeito às suas expectativas, aos seus projetos e sonhos. Atendo muitas pessoas com problemas em suas relações e o que trabalho com elas, principalmente, é um olhar mais voltado para si do que para o outro. Muitos pacientes buscam mudar as pessoas ao seu redor, porém, elas quase não se movem. A cura não está nos outros, mas dentro de si.

Nascemos e vamos vivendo; porém, em uma etapa de nossa existência, começamos a nos questionar sobre o sentido da vida, e esse questionamento é mais comum em pessoas que viveram ou que foram acometidas por frustações, traumas, decepções etc. Enquanto se tem uma rotina bem justa, cheia de atividades, compromissos e responsabilidades, a vida fica bem ativa e, aos poucos, as expectativas vão se tornando possíveis realizações. Esse questionamento interno, então, passa longe dos pensamentos e parece empurrar essa pergunta para uma pausa que pode vir junto com uma enfermidade, ou durante as férias, em perdas, aniversários sem comemoração, finais de ano ou em algum tipo de afastamento do meio social, em que o ócio leva a reflexões sobre o sentido da vida.

Essa voz interior que agita sentimentos e emoções desencadeia desde uma simples ansiedade até à insônia, a falta ou excesso de apetite, desmotivação e um longo estado de melancolia. Se, no passado, houve quadros isolados de algum processo infeliz, o estado atual será mais pesaroso. A repetição desses quadros ancora as pessoas no isolamento ou retroalimentam sentimentos de amargura, eliminando novas expectativas de vida.

Tais sentimentos e emoções não escolhem idade. Hoje, crianças são acometidas por essas questões, mas pessoas maduras colecionam essas situações não resolvidas. Não buscar tratamento e evitar falar nos momentos de angústia corroboram para um acúmulo de dores na alma. Essa situação poderia ser bem representada pelo desastre ocorrido em Brumadinho/MG, em 2019. O excesso de dejetos fez romper a barragem, causando o maior desastre ambiental do país – sem contar as 272 mortes e sofrimento de todos os envolvidos. Comparar o estado emocional ao desastre é um alerta para não retermos muito nossas emoções, as barreiras da saúde podem não aguentar.

Mas como achar sentido na vida, se o que foi vivido até o momento não gera expectativas? Como olhar para um futuro promissor se, desde a infância até hoje, a vida não teve sabor? E alguns poderiam até dizer: "Como, em meio a tantos traumas e tantas frustrações, posso ver sentido na vida?" Sejamos realistas! Não existe fórmula mágica, receita ou senha: o seu interior só você será capaz de acessar. Buscar ajuda é imprescindível: um bom terapeuta, psiquiatra, atividades sociais e esportivas, a fé, familiares e amigos podem colaborar, mas, se você não estiver comprometido em entender que a vida é sua, nada disso terá sucesso.

A individualidade, para muitos é como uma assombração: estar só é desesperador, ter sua própria companhia é entediante. Se você pensa assim, precisa aprender a se amar e, principalmente, a se conhecer. Depois, deve fazer várias atividades para perceber suas competências e habilidades.

Ter a percepção e a compreensão de que viveremos momentos a sós, com nossa própria companhia e, que, em outras ocasiões, teremos que estar acompanhados de pessoas é entender o DNA da vida. A importância de pessoas na vida não é uma escolha, mas uma necessidade. Quando crianças, não temos resistência psíquica para enfrentar e, muito menos, entender relações conflituosas ou abusivas. Com o tempo, a tendência é fugir para não sofrer; porém, isso faz parte de sua história, e quanto mais você fugir de si mesmo, mais suas expectativas serão eliminadas e sua vida não será vivida com qualidade.

Se eu tivesse me afastado das pessoas devido às minhas expectativas frustradas, eu teria perdido muito do que aprendi, e principalmente, o que modifiquei nos outros com minha postura. Viver em sociedade é explorar nossas condições psíquicas e, acima de tudo, maximizar nossa humanidade. É saber que, por vezes, algumas perdas serão necessárias para gerar outras expectativas, mas sentir solidão não é bom! Já a individualidade, sim! Porque, muitas vezes, será preciso andar só, principalmente para produzir os músculos psíquicos, intelectuais, espirituais. Porém, a finalidade da vida é construir uma rede que, fluindo de sua história, pessoas serão alcançadas. Deseje estar com pessoas, experimente momentos com elas, sua vida será rodeada de um calor imensurável.

Finalizando, quero agradecer à amiga que me incluiu nesta rede, Luciana de Oliveira. Seu capítulo me envolveu! Do mesmo modo, assim como você leu o meu relato, gostaria de um dia saber que sua história, como as nossas, ajudou pessoas a se encontrarem. Não viva só, permita-se estar com pessoas, extraia o melhor dessa relação. Não crie expectativas sobre os outros, crie-as sobre você mesmo e se surpreenda!

Muitas vezes, será preciso andar só, principalmente para produzir músculos psíquicos, intelectuais e espirituais.

Porém, a finalidade da vida é construir uma rede que, fluindo de sua história, pessoas serão alcançadas.

Raquel Marques

Rita Teles

Meu nome é Rita Teles e sou filha de Marcos Garcia (*in memoriam*) e Dilcéia Teles. Tenho cinco irmãos, sou casada e tenho um filho de 28 anos, que é o meu maior projeto de vida.

Eu amo o meu Deus. Sou apaixonada por Jesus e O reconheço como Senhor e Salvador. Atravessei todas as fases da minha vida com Ele, que esteve cuidando de mim antes mesmo de eu O reconhecer como Senhor. Passei por tantas lutas, e viver uma intimidade com Deus em meio a cada uma delas foi uma oportunidade única de viver a plenitude do Seu amor.

Sou grata a Deus pela minha família, pelos meus familiares e amigos queridos que me foram presentados por Ele ao longo dos anos.

ritateles63

(21) 97906-9234

NA CAMINHADA COM JESUS, NUNCA PERDEMOS, SÓ APRENDEMOS

por Rita Teles

No dia 27 de agosto de 2022, fui convidada pela pastora Luciana Oliveira para um café, no qual ela me fez o convite para fazer parte do projeto Mulheres restaurando Mulheres. Isso aconteceu durante mais uma restauração, mais um momento de cuidado da parte de Deus com a minha vida. Eu jamais imaginaria isso, ser coautora deste lindo livro – mas é assim que Deus faz, no de repente e no improvável. Desde que recebi o convite, me perguntei várias vezes: "Senhor, tem certeza? Senhor, é comigo, mesmo? Senhor, como assim?". O cenário pode ser de desonra e dor, mas mesmo no campo da impossibilidade Jesus se apresenta.

E então Deus mostra que, mesmo vivendo o caos, mesmo achando que não tenho nada para contar, vivendo a crença do não merecimento, eu sou a menina dos Seus olhos, a menina de quem Ele cuidou desde antes de eu conhecê-Lo, e me leva até onde fui gerada e forjada. Afinal, todas nós temos incríveis histórias de superação e ressignificação para contar, nas quais fica evidente que Deus caminhou juntinho conosco. Também, nos faz pensar sobre o que seria de nós sem esse amor, ou como viveríamos sem esse cuidado, ao caminhar na estrada da vida.

Recordar uma parte da sua história de dor pode ser difícil, mas, ainda assim, devemos lembrar para agradecer a Ele por tudo o que passamos. E, se chegamos até aqui, devemos ser gratas também por poder contar um pouco de como Deus cuida, cura e restaura, a cada instante. Por vezes, digo ao Senhor que passaria por tudo outra vez, só para poder estar com Ele em todos os momentos novamente – afinal, as lutas revelam quem somos diante do Pai.

"Os teus olhos viram meu embrião, todos os dias determinados para mim foram escritos no Teu livro, antes de qualquer um deles existir" (Salmos 139:16).

Não nasci em um lar evangélico; era um lar disfuncional. Sou filha do adultério, com uma infância escondida, memórias de medo, inseguranças, vergonha e instabilidade emocional. Coleguinhas de turma riam por eu não ter o nome do meu pai na caderneta escolar, um pai que se dividiu entre duas famílias. Com meus 13 anos de idade, meu pai faleceu e os medos aumentaram. A saudade gritou, a solidão apertou e a preocupação surgiu: "Quem vai cuidar de mim?". Enfrentei uma investigação de paternidade acompanhada de uma briga judicial que durou quase 20 anos. Com a morte dele, a minha família precisou ser revelada em busca de reconhecimento. Somente depois do falecimento do meu pai tive o nome dele na minha certidão de nascimento. Até então, eu nem imaginava que o Pai Celeste que me criou e permitiu meu nascimento sempre teve o controle da minha vida e sempre esteve comigo. Era uma pré-adolescente perdida, que tinha tudo para dar errado, mas que, pela graça de Deus, foi cuidada, protegida e liberta por esse Pai do qual ainda não sabia o nome.

Meu único sonho enquanto crescia era o de formar minha família. Logo aos 16 anos, conheci o amor da minha adolescência, com quem viria a me casar e estamos juntos até hoje. Um casal, portanto, formado por dois jovens imaturos. com problemas seríssimos nas suas famílias de origem, mas que sonhavam em construir a sua própria. A ausência da paternidade fez com que eu idealizasse um casamento perfeito, em que tudo seria diferente; para mim, bastava estar casada para tudo correr bem e, obviamente, não foi assim.

Antes do matrimônio, com 7 anos de namoro, engravidei. E um pouco antes de engravidar, comecei minha caminhada com Jesus; ali minha vida começou, de fato, a ser restaurada. Através da maternidade, Deus foi me dando um novo sentido na vida. Meu filho enfrentou problemas durante o nascimento e precisou ir direto para a UTI neonatal, onde permaneceu por 10 dias. Foi um período sofrido. No entanto, Deus me fortaleceu nesse tempo, de maneira que fui eu a responsável por consolar a família.

Durante a gravidez, eu sempre cantava um louvor para o bebê que se formava em mim. Ao visitá-lo pela primeira vez, quando a porta se abriu, eu ouvi o mesmo louvor tocar na área da UTI. Foi a resposta perfeita à minha oração para que Deus estivesse com ele, no controle de tudo. Meu filho poderia ter ficado com diversas sequelas, mas o meu Deus não permitiu e, para a glória Dele, a saúde do meu filho foi restaurada por completo. Hoje, ele está com 28 anos e é um jovem comprometido com Deus e um amigo fiel, que é usado como canal divino para a minha vida. Agradeço muito a Ele por essa rica oportunidade de ter me tornado mãe e, através do Espírito Santo de Deus, ter direcionado o meu filho nos caminhos do Senhor.

Três anos depois do nascimento do Caio, me casei com o meu amor da adolescência, um sonho realizado. Ao receber minha certidão de casamento, senti uma grande emoção ao ver ali o nome do meu pai. A restauração continuava, Deus ainda tinha muito o que fazer. Com o casamento, mais papéis foram adicionados ao de mãe, que já vinha exercendo. Me tornei esposa, dona de casa, auxiliadora do meu lar, ajudadora.

Nós, mulheres, independentemente dos papéis diversos que podemos assumir, somos a coluna de uma casa, o que dá sustentação para a nossa família. E, como coluna da casa, assim como em uma construção comum, é natural que passemos desapercebidas muitas vezes, que fiquemos "escondidas"; mas temos um Deus que nos vê e entende as nossas necessidades e particularidades. O Senhor sabe exatamente o que é melhor para mim e para cada uma de nós. Podem vir a chuva e o vento e eu continuo de pé, por causa Dele. Pode acontecer de ninguém perceber minhas rachaduras, mas o Senhor trata de cada lugarzinho do meu ser. Tem locais que dão mais trabalho, mas o Senhor está o tempo todo me restaurando.

Então, com o sonho da família realizado, seguimos em busca de nossa casa própria. Depois de encontrarmos um imóvel, começamos o processo de financiamento. Ele tinha um terreno de 500 m² e era bem mais do que sonhávamos. Fizemos um financiamento de 20 anos, mas o quitamos em 10, para a glória de Deus. Um presente do Senhor, no qual vivemos e criamos nosso filho.

Mas, depois de 13 anos vivendo nessa casa, sofremos um assalto. Renderam meu marido no portão e o acompanharam até dentro de casa, comigo e meu filho lá, sem sabermos de nada. Já Estava deitada para dormir e, de repente, vi um dos bandidos com a arma apontada para mim e para o meu filho, enquanto o outro acompanhava meu marido, recolhendo nossos pertences. Eu só clamava a Deus que nos guardasse. Nosso mundo caiu após esse acontecimento, pois foi despertada em nós uma sensação de vulnerabilidade. Ficou evidente que nosso tempo ali tinha acabado. Então, com muita dor no coração, colocamos a casa à venda.

Passamos por um período difícil: um ano entre idas e vindas a médicos, vivendo as consequências do trauma. Mesmo assim, éramos gratos a Deus, que havia nos guardado naquela noite, já que nenhum fio do nosso cabelo foi tocado. As coisas materiais se foram, mas estávamos vivos. Nesse tempo, entramos em um propósito de oração com Ele pela venda da casa e o tema do propósito era "Mais do que termos qualquer coisa, é importante que tenhamos nossas vidas restauradas por Deus".

Após 1 ano de espera pela venda e passando pelas consequências que citei, fomos morar de aluguel em um condomínio. Após mais alguns meses, finalmente a casa foi vendida, por financiamento. Isso causou muitos problemas para nós, devido à documentação. Não sabíamos, mas tudo fazia parte do plano de Deus. Levamos um ano para poder ter acesso ao dinheiro da casa; enquanto isso, ele rendia no banco. Quando encontramos um imóvel que agradasse aos dois pela primeira vez, o dinheiro da venda estava disponível para usarmos. Fizemos nossa proposta. Meu esposo, usado por Deus, insistiu em negociar um desconto de 45% no valor. Pela misericórdia de Deus, fechamos por 40%. O valor pago, somado aos custos de reformas para morarmos, foi exatamente o que tínhamos recebido pela venda da nossa casa.

Deus fez infinitamente mais do que pedimos ou pensamos. Então, nosso propósito de oração continuou, dessa vez em agradecimento por tudo o que Ele fez nesse período – não somente pela casa comprada, mas também porque, vez após vez, Deus nos conduziu a confiar e descansar Nele, enquanto cuidava de tudo.

Agora, voltarei um pouco no tempo, à uma época anterior ao assalto. Há aproximadamente 15 anos, passei por um processo de restauração que envolvia minha saúde. Fui diagnosticada com endometriose e tive de encarar um difícil tratamento. Acho que todas as mulheres já ouviram falar dessa doença tão silenciosa e devastadora – principalmente para aquelas que ainda não tiveram filhos. Mas lembremos sempre que, para Deus, não há impedimento algum. Conheço várias mulheres, dentre elas minha irmã, que passaram por esse tratamento e, para a glória de Deus, tiveram seus bebês. Antes de iniciar o tratamento, minha doutora chamou meu marido e meu filho para avisá-los sobre como seria complicado, o quanto teriam que ter paciência comigo.

A indicação do tratamento era interromper a menstruação. Assim, começamos com a primeira medicação nesse intuito. Durante meses, eu não chorava: eu gritava. Foram seis meses de remédios sem efeito. Com os hormônios totalmente alterados, da tarde para a noite eu não me levantava da cama. Foi um período de muito clamor, implorando a Deus que me livrasse dessa doença, pois a próxima alternativa seria uma injeção mais forte ainda. Já estava difícil e eu não conseguia imaginar o que poderia vir pela frente.

Chegou o dia de uma nova consulta com a ginecologista. Eu chorava, mas não era um choro normal, era desesperador. Ela suspendeu o tratamento e me encaminhou para um cirurgião. Eu nunca tinha feito uma cirurgia na vida, escolhi ter filho por parto normal justamente pelo medo de cirurgia. Mas, nesse momento, parecia a opção mais viável. Logo iniciei os exames de risco cirúrgico. Porém, antes de a cirurgia ser marcada, em um culto de adoração, durante o louvor que fala da mulher do fluxo de sangue, eu me senti a própria (lógico que não se comparava ao que ela passou), tocando na orla de Jesus. A data da cirurgia foi agendada e, na véspera, fui tentada a desistir devido ao medo que me rondava. Só Deus sabe como entrei naquele hospital – a cada passo que eu dava eu clamava por Jesus.

A cirurgia foi feita e, logo, os médicos foram ao quarto para falar sobre procedimento. A primeira coisa que me perguntaram foi se eu já tinha feito alguma cirurgia, porque no local a ser operado existia uma cicatriz, e não endometriose. O Médico dos médicos havia chegado primeiro. Deus realiza milagres, mas ainda deseja que passemos pelo processo para aprendermos e darmos testemunho do poder Dele. O que senti naquele hospital foi a glória de Deus, o cuidado e a restauração do Senhor em minha vida. Percebi que viveria tudo outra vez só para sentir Seu amor envolvente.

Meses depois dessa cura maravilhosa, quando eu vivia ainda o efeito do milagre de Jesus, sofri um acidente doméstico, do tipo que achamos que nunca vai acontecer conosco. Retirei do fogo uma panela e a levei em direção à pia, mas o seu cabo estava mole e quebrou. Acabei tomando um banho de água fervendo. Tive queimaduras de primeiro e de segundo grau. Eu pedi tanto perdão a Deus pelo meu descuido e lá fui eu viver as misericórdias do Senhor sobre a minha vida. A dor era gigante, todos os dias eu tinha que ir à clínica fazer curativo, retirando a pele morta. Não podia nem receber visitas, pelo risco de infecção. Foram dias que eu pensava que não ia suportar: estava agonizando. Porém, em cada processo que atravessei, Deus esteve comigo. Um dia fui liberada das ataduras e me desesperei vendo o que eu tinha feito comigo. Verdadeiramente, viver é um milagre, sustentado pela graça de Deus.

Mais à frente na linha do tempo, chegou a pandemia e vieram as *lives* com mulheres extraordinárias. Uma delas, é a pastora Luciana, citada no início deste capítulo. Uma mulher cheia de Deus, comprometida com Ele e com um ministério profético: Restaurando Mulheres. Com suas mensagens bíblicas que destravam as mentes de cadeias, foi gerada uma verdadeira explosão dentro de mim; um reboliço se formava. Durante esse período, ao realizar exames de rotina, foi constatado um nódulo no meu peito. Então, mais um momento de restauração nas mãos do Pai me era proposto: restauração de fé Nele. Tudo acontece conforme a vontade Dele.

Depois de três meses sofrendo com a ansiedade pela resolução dessa questão, vários exames me levaram até a biópsia, cujo resultado foi benigno. A partir daí, convencida pelo Espírito Santo, percebi que precisava de ajuda e busquei a orientação de Deus. Encontrei, assim, uma terapeuta, a Dra. Ellen Cristi: uma serva de Deus, que entregava muito Dele nas sessões. Tive a oportunidade de frequentar não um simples consultório, pois Deus estava ali presente. Como sempre, Ele estava no controle de tudo. Após uma semana, a restauração chegava em áreas até então adormecidas.

Este livro, um projeto que me surpreendeu, se relaciona diretamente com o momento no qual me encontro, em que minhas emoções têm sido ajustadas, minhas feridas passadas curadas (algumas citadas neste capítulo) e minha vida restaurada. Mas nossas histórias, por mais pesadas que sejam, pertencem a nós. Graças a Deus, temos histórias para contar e a graça de Deus sobre nós para compartilhá-las.

Desse modo, como vejo Deus rompendo tantas cadeias que me cercaram ao longo da minha vida, sei que Ele pode fazer o mesmo na trajetória de todas as mulheres que leem este texto. Ele usa experiências dolorosas da alma para nos tonificar e não para nos matar, pois bons marinheiros não são formados em águas calmas. Como falei no começo deste relato, vivo mais uma restauração – que parece ser a maior e a mais difícil. Seu resultado ainda me é desconhecido, porém, no processo, é certo estar presente o Deus da criação e da restauração. Mais uma vez, então, vou descansar Nele.

"A acusação não prevalecerá sobre sua vida, o que irá prevalecer é a manifestação do poder de Deus." (Pr. Luciana Oliveira).

Mais do que termos qualquer coisa, é importante que tenhamos nossas vidas restauradas por Deus.

Rita Teles

ANOTAÇÕES

ANOTAÇÕES

ANOTAÇÕES

ANOTAÇÕES

ANOTAÇÕES

ANOTAÇÕES

EDITORA
CHAVE MESTRA®